AF435417

1era. Edición 2018

Depósito Legal: GU2017000035

ISBN: 978-980-12-9902-8

INDICE GENERAL

LISTA DE CUADROS

LISTA DE GRÁFICOS

RESUMEN

El propósito del estudio fue evaluar el rendimiento físico durante el período preparatorio general de los atletas que representarán a la Universidad Rómulo Gallegos en los Juegos Venezolanos de Instituciones de Educación Superior (JUVINES 2007). Los objetivos a lograr fueron: El diseño de procedimientos y normas para valorar las valencias físicas y el rendimiento general de los atletas, la identificación de los niveles de rendimiento físico de los mismos y determinar las diferencias grupales en atención a la disciplina deportiva. Para ello, se realizó una investigación de campo con un nivel descriptivo y un diseño no experimental y transeccional. Los instrumentos de recolección de los datos, fueron las pruebas físicas: 1500 metros planos, 40 metros lanzados, salto de longitud a pies juntos, burpee y flexión de tronco, para medir la resistencia aeróbica, velocidad de desplazamiento, potencia de piernas, agilidad y flexibilidad respectivamente. Dentro los resultados obtenidos destacan: (a) El rubgy, softbol y béisbol mostraron un rendimiento físico general poco satisfactorio al ubicarse por debajo del percentil 50 de las normas elaboradas, (b) Por el contrario, deportes como el voleibol, atletismo y Tae Kwon Do obtuvieron un rendimiento físico general satisfactorio, tanto en el porcentaje de atletas con niveles altos y buenos, como en los percentiles alcanzados por disciplina (superiores al 50 percentil), (c) Se pudo establecer las diferencias en el rendimiento físico general, resistencia y agilidad de los atletas evaluados en razón de la disciplina deportiva, no así para la velocidad, flexibilidad y potencia muscular.

INTRODUCCIÓN

Uno de los aspectos esenciales para lograr incrementar el rendimiento de los atletas en las competencias deportivas, lo constituye la realización de investigaciones y evaluaciones de las variables vinculadas con el denominado entrenamiento deportivo.

Así pues, el estudio de la preparación física, técnica, táctica y psicológica, aporta relevante información que debe ser utilizada por entrenadores y técnicos para verificar la efectividad de sus métodos y estrategias o bien redimensionarlas, ajustándolas a las particularidades individuales y colectivas.

Es por ello, que a través de la investigación que a continuación se presenta, se indaga sobre una de esas variables fundamentales para la preparación del deportista, verbigracia el entrenamiento físico, evaluando el rendimiento de las cualidades motrices de los deportistas, así como de su rendimiento físico general, el cual configura las bases que sostienen la formación y perfeccionamiento técnico-táctico de los jugadores.

En ese sentido, se desarrolló la siguiente estructura capitular: en primer lugar, se plantea el problema bajo análisis, así como las interrogantes y objetivos que orientan la investigación, su justificación y alcances.

Seguidamente, en el capítulo II se procede a ubicar el estudio dentro de un contexto bien definido de conocimientos, presentando los antecedentes de la investigación, sus bases legales, así como los aspectos fundamentales vinculados con el entrenamiento deportivo y su periodización, la preparación física y su evaluación, la evaluación del rendimiento físico y tests o pruebas a emplear para recoger los datos, las variables e hipótesis de la investigación, entre otros.

Más adelante, en el tercer capítulo se describe la población del estudio, el tipo y diseño de investigación, las técnicas para la recolección de la información, la confiabilidad y validez de los instrumentos, los procedimientos utilizados para recoger los datos y las técnicas de análisis de la información.

También, en el capítulo IV se realiza un análisis de los resultados obtenidos de la aplicación de los tests físicos, destacando la elaboración de los procedimientos y normas para la identificación de los niveles de rendimiento físico de los atletas y las pruebas de hipótesis dirigidas a aportar valiosa información para la toma de decisiones respecto a la preparación física de los deportistas, de cara a las competencias principales.

Finalmente, a partir de la indagación efectuada, así como de la aplicación de los instrumentos de recolección de datos y su respectivo análisis, se procede a formular, atendiendo a los objetivos de la investigación, algunas conclusiones y recomendaciones.

CAPÍTULO I

EL PROBLEMA

Planteamiento del Problema

El Entrenamiento deportivo, constituye un proceso científico en el cual intervienen una serie de factores dirigidos a incrementar el rendimiento de los deportistas en las competencias.

En efecto, la preparación técnica especial para cada deporte, la preparación táctica destinada a hacer incurrir en errores al adversario y la preparación psicológica del deportista, sustentadas en unas sólidas bases proporcionadas por la preparación física, garantizan el logro de los objetivos trazados por entrenadores y técnicos para llevar a sus atletas a la cúspide de sus rendimientos.

En tal sentido, no puede el preparador de atletas dedicar de manera exclusiva el tiempo destinado a las sesiones de entrenamiento a uno solo de los aspectos o factores mencionados, sino que por el contrario, debe organizar el proceso de preparación, dedicando tiempo a cada uno en su justa proporción, dependiendo del período en que se encuentre, pero siempre con fundamento en el mejoramiento de las cualidades físicas de sus atletas.

Ciertamente, la importancia de la preparación física en el proceso de entrenamiento deportivo, ha sido ampliamente reconocida por la literatura en la materia, verbigracia los siguientes criterios:

En principio, Barrios y Ranzola (1995), definen la preparación física como "el aspecto fundamental de la preparación del deportista, la cual garantiza el dominio de las destrezas y su efectividad en el juego, combate o competencia" (p. 3).

Igualmente, para Eccher (2002), "en el tenis actual la preparación física ocupa un rol determinante en el rendimiento. El entrenamiento físico se apoya en conjunto entre el entrenador y el preparador físico" (p.6). Por estas razones El trabajo está repartido entre los dos profesionales y deben diagramarse las tareas de manera tal que el entrenador sepa en que etapa se encuentra el jugador.

Por su parte Konovalova (2004), considera tan importante la preparación física en el atletismo que la preparación técnica debe ajustarse a los cambios de nivel que experimenta aquella.

Otros expertos como Rivera (1999), indican que en el fútbol "la preparación física es uno de los aspectos más importantes dentro de este largo proceso, dado que de la preparación física que se realice del niño-joven futbolista depende en gran medida la calidad y duración de su vida deportiva" (p. 1).

Además en relación con sus objetivos, el autor citado supra señala que la preparación física está orientada al fortalecimiento de los órganos y sistemas, a la elevación de sus posibilidades funcionales, a la configuración y base para el perfeccionamiento de la técnica y táctica.

En términos similares, Astorga (entrevistado por Ormazabal, 2005) es de la opinión que para alcanzar los mejores rendimientos en las competencias, es necesario "seleccionar sistemas de entrenamiento para poder así elevar las potencialidades funcionales de un sujeto" (p.1) destacando aquellos destinados a la preparación física.

En el mismo orden de ideas, Moral (2000) expresa que en el baloncesto "la preparación física es uno de los componentes que en deportes de equipo va cobrando de forma progresiva mayor importancia en el ámbito general del entrenamiento deportivo" (p. 1). Además, agrega que el entrenamiento físico, la valoración funcional, la recuperación del lesionado y el calentamiento son los campos de intervención más importantes.

De las opiniones anteriores se desprende que: (a) La preparación física es necesaria independientemente de la disciplina deportiva y (b) La preparación física constituye la base para el desarrollo y mejoramiento de las cualidades técnicas y tácticas.

Así también, en el ámbito del deporte universitario, es reconocido el carácter decisivo que tiene la preparación física para el rendimiento deportivo en atletismo, según se desprende del estudio realizado por Sánchez López (2007) en atletas de la Universidad de Antioquia, Colombia para mejorar su fuerza-resistencia.

Para Cárdenas, (2005) al igual que en otros atletas, en el medio universitario "el rendimiento deportivo está condicionado por el desarrollo que se alcance en las capacidades más relevantes e influyentes de cada especialidad deportiva. Estas capacidades pueden ser de carácter físico: Fuerza, Resistencia, Velocidad, etc. Técnico - táctico, psicológico, u otros" (p. 5).

Asimismo, al opinar sobre el fútbol universitario, Montoya (2005) enfatiza que en la "actividad deportiva, los jugadores deben poseer entre otras cosas concentración, precisión, autocontrol, y una alta preparación en sus cualidades tanto coordinativas como condicionales. Entre las que se mencionan: resistencia, velocidad, fuerza, además de las coordinativas como flexibilidad, coordinación, equilibrio" (p. 2).

En el mismo sentido, el autor arriba citado considera que no basta el hecho de una aparentemente adecuada preparación física sino que:

> Es menester evaluar constantemente los parámetros fisiológicos como son la fuerza, la resistencia, la velocidad, la flexibilidad, la técnica entre otros, logrando así que entrenadores y preparadores físicos, tengan la capacidad de tener una información más científica y de esta manera elaborar los esquemas de entrenamiento fisiológicamente adecuados y bien planificados, de forma que le permita asegurar el rendimiento optimo requerido por las atletas futbolistas y garantizar así una

representación deportiva de alto nivel para las competiciones que componen su ciclo deportivo (p. 2).

En resumen, queda claro el valor que se atribuye en la actualidad a la preparación física, evaluación y control de los deportistas con miras a obtener resultados óptimos en las competencias, independientemente de que se trate de atletas universitarios o no.

Sin embargo, a pesar del reconocimiento de la relevancia del acondicionamiento físico, su evaluación y control para el rendimiento deportivo por parte de atletas y entrenadores, se evidencia en la realidad universitaria venezolana, niveles precarios en el rendimiento físico de un importante grupo de atletas que representan a algunas instituciones de educación superior y que sin duda conllevan serias limitaciones en el rendimiento colectivo en competencias nacionales.

Efectivamente, un ejemplo claro del planteamiento anterior, lo constituyen, salvo honrosas excepciones, los resultados obtenidos por el contingente de atletas que representaron a la Universidad Rómulo Gallegos en los JUVINES celebrados en la ciudad de Barquisimeto durante el mes de diciembre de 2004, en los cuales la mencionada institución se ubicó colectivamente en el puesto número 24 de 27 instituciones educativas que participaron y sin obtener ningún punto en la clasificación general (ver anexo Nro. 1).

Es por ello, que a partir de los criterios presentados resulta pertinente formular las siguientes interrogantes:

¿Cuáles son los niveles de rendimiento físico de los atletas unergistas durante el período preparatorio general?

¿Existe un sistema de medición y valoración del rendimiento físico de atletas en la Universidad Rómulo Gallegos?

¿Existen diferencias en el rendimiento físico de los atletas unergistas en atención a la disciplina deportiva?

En efecto, todas y cada una de las anteriores preguntas reciben oportuna respuesta a lo largo de esta investigación.

Objetivos de la Investigación

Objetivo General

Evaluar el rendimiento físico de los atletas preseleccionados para representar a la Universidad Rómulo Gallegos en los Juegos Venezolanos de Instituciones de Educación Superior.

Objetivos Específicos

1. Identificar los niveles de rendimiento físico de los atletas unergistas durante el período preparatorio general.

2. Diseñar los procedimientos y normas para la medición y valoración del rendimiento físico de los atletas unergistas en atención al sexo para el período preparatorio general.

3. Verificar la existencia de diferencias en el rendimiento físico de los atletas en relación con la disciplina deportiva.

Justificación de la Investigación

El estudio de la gran cantidad de variables que intervienen en la actuación deportiva de un atleta, contribuye si duda a que los técnicos y dirigentes responsables puedan tener un conocimiento más preciso de la situación individual del deportista, que permita proporcionarle la mayor atención posible con miras a obtener un óptimo rendimiento en las competencias.

Dentro de esta perspectiva, la evaluación de uno de los aspectos esenciales del entrenamiento deportivo como lo es la preparación física medida a través del indicador rendimiento físico, permite entre otras cosas, la individualización del entrenamiento, atendiendo no solo a las diferencias entre los sujetos sino también respecto a la prueba o posición en que se desempeña un jugador y además posibilita que el entrenamiento sea redimensionado o modificado, orientándolo hacia el logro de los objetivos planteados inicialmente.

Es por ello, que se evidencia la pertinencia social del estudio, en virtud de la utilidad que sus resultados pueden tener para entrenadores, dirigentes, atletas y autoridades universitarias.

Asimismo, el diseño de unas normas para la valoración del rendimiento físico con fundamento en datos obtenidos de los atletas universitarios, contribuye efectivamente con posteriores evaluaciones, sobre las bases científicas de una investigación realizada por personal calificado de la institución.

Alcances de la Investigación

La medición y valoración del rendimiento físico de los atletas de la Universidad Rómulo Gallegos, implica no solo una indagación teórico-metodológica sobre el tema, sino que en ella se presentan una gran cantidad de resultados producto del contacto directo con la realidad bajo análisis, obtenida a través de la administración de una serie de pruebas físicas.

De allí que, los límites del estudio están representados por el análisis de la información recogida de tales pruebas, explorando algunas variables de interés, como fundamento para las respectivas conclusiones y recomendaciones dirigidas a mejorar el rendimiento deportivo de los atletas unergistas en competencias nacionales.

No obstante, es pertinente indicar como limitaciones de la investigación, la imposibilidad de medir el rendimiento de la flexibilidad de los atletas de tenis de mesa, lucha olímpica y pesas, en virtud de no disponer del instrumento esencial de medición (flexómetro) para el momento de la realización de las pruebas a estas disciplinas y en consecuencia tampoco se reportan los datos del rendimiento físico general respectivo.

CAPITULO II
MARCO TEÓRICO

En este segmento de la investigación, se presentan algunos de sus antecedentes, sus bases legales, el entrenamiento deportivo, la preparación física, evaluación del rendimiento físico, descripción de las pruebas utilizadas, variables e hipótesis.

Antecedentes de la Investigación

Desde hace algunas décadas, se ha originado un interés por realizar investigaciones en el ámbito del Entrenamiento Deportivo y dentro de éste, el rendimiento físico de los atletas como principal indicador de la preparación física a la que éstos se someten para lograr óptimos resultados en las competencias.

En ese sentido, Hechevarría, Mayo y Leyva (2001) desarrollaron el trabajo titulado: "Variación de algunos indicadores físicos, en Baloncestistas sometidos a entrenamiento durante la etapa de preparación física general de la categoría 12-13 años de la EIDE de Las Tunas" y cuyo propósito fue evaluar el resultado de la preparación física a través de la comparación de los incrementos en los valores de los tests para fuerza, flexibilidad, resistencia y la rapidez en el período del entrenamiento indicado.

Para ello, diseñaron una investigación de campo que permitió luego de analizar los datos recogidos en las pruebas físicas, concluir que en todos los parámetros físicos estudiados, existieron incrementos muy significativos y significativos; por lo que se valora el entrenamiento de la preparación física en esta etapa de correcto.

Por su parte, en el ámbito del deporte universitario, Sánchez López (2007) investigó recientemente "El Entrenamiento de la fuerza resistencia mediante la carrera en cuesta, durante 6 semanas para el rendimiento de la carrera de 5.000 metros en 5 atletas de la Universidad de Antioquia".

El citado estudio tuvo como propósito verificar el efecto que tiene el entrenamiento de la fuerza resistencia por medio de la carrera en cuesta (subida), en el rendimiento de los 5.000 metros.

Así pues, la población y muestra la constituyeron los 5 atletas fondistas pertenecientes al club de la Universidad de Antioquia de la ciudad de Medellín; esta muestra fue a la vez el grupo experimental sin grupo control.

En ese orden de ideas, para el entrenamiento de la fuerza resistencia, se aplicó el método de las repeticiones de 200 metros en cuesta, con una intensidad del 115% de la velocidad empleada en la carrera de 1.000 metros en una cuesta (subida), con un nivel de inclinación de 40 grados.

Por otro lado, para la medición del rendimiento de los corredores, se utilizó el tiempo realizado en la prueba de los 5.000 metros planos.

Finalmente, los resultados arrojados por el estudio, mostraron que el plan de entrenamiento de la fuerza resistencia no produjo incrementos significativos en el rendimiento de los 5 atletas en la carrera de 5.000 metros.

En resumen, de las dos investigaciones reportadas, se desprende la creciente inquietud de las personas vinculadas con la actividad físico-deportiva, de indagar sobre la medición y la valoración del rendimiento físico en deportistas como medio fundamental para la reorientación del entrenamiento deportivo.

Bases Legales

Dentro de las normas jurídicas que constituyen los fundamentos legales del estudio destacan el artículo 111 de la Constitución de la República Bolivariana de Venezuela (CRBV, 1999), artículos 2 y 5 de la Ley del Deporte (1995) y artículo 142 de la Ley de Universidades (1970), los cuales son comentados a continuación.

En primer lugar, por mandato Constitucional contenido en el artículo 111:

> Todas las personas tienen derecho al deporte y a la recreación como actividades que benefician la calidad de vida individual y colectiva. El Estado asumirá el deporte y la recreación como política de educación y salud pública y garantizará los recursos para su promoción. La educación física y el deporte cumplen un papel fundamental en la formación integral de la niñez y adolescencia. Su enseñanza es obligatoria en todos los niveles de educación pública y privada hasta el ciclo diversificado, con las excepciones que establezca la ley. El Estado garantizará la atención integral de los deportistas sin discriminación alguna, así como el apoyo al deporte de alta competencia y la evaluación y regulación de las entidades deportivas del sector público y del privado, de conformidad con la ley. La Ley establecerá incentivos y estímulos a las personas, instituciones y comunidades que promuevan a los y las atletas y desarrollen o financien planes, programas y actividades deportivas en el país.

En relación con la extensa norma citada, cabe señalar importantes aspectos: (a) El deporte como derecho de todos en razón de representar un medio efectivo para mejorar la calidad de vida de los ciudadanos y de la sociedad; (b) La obligación del Estado de asumir el deporte como política educativa y de salud pública; (c) El carácter obligatorio de la educación física y el deporte en el sistema educativo y (d) El deber del Estado de atender de manera integral al deportista y de apoyar al deporte de alta competencia.

De lo anterior se desprende el inmenso valor que el constituyente de 1999 reconoció a la actividad físico-deportiva, por los beneficios individuales y colectivos que genera. Igualmente, destaca el hecho que tanto la atención integral del deportista como el apoyo a los atletas de alta competencia involucran la consideración e inversiones dirigidas al proceso de entrenamiento deportivo y dentro de este a la preparación física y su evaluación.

Por otra parte, a pesar de tratarse de una norma pre-constitucional, el artículo 2 de la ley del Deporte consagra la finalidad de la práctica de la actividad deportiva como herramienta esencial para lograr la formación integral de las personas enfatizando en lo físico, intelectual, moral y social; con fundamento en el desarrollo, mejoramiento y conservación de las cualidades físicas y morales de los individuos. Asimismo, respecto de la importancia del deporte en el ámbito universitario, el artículo 5 ejusdem, dispone que "…..en los niveles de educación superior se adoptarán las medidas conducentes para asegurar la práctica del deporte por parte de los alumnos de ese sector".

Así pues, de la interpretación concatenada del artículo 111 constitucional y el último artículo legal referido, se entiende que si bien es cierto que la educación física y el deporte son obligatorios solamente hasta la educación media, no es menos cierto que por mandato de la ley especial debe garantizarse tanto la práctica del deporte masivo como del deporte de rendimiento para el sector universitario.

Finalmente, en la vetusta Ley de Universidades promulgada hace 37 años, se consagra la existencia de una figura rectora en materia deportiva para las Universidades como es la Dirección de Deportes con funciones reguladas por un reglamento dictado por el Consejo Universitario de cada Institución de Educación Superior y cuyos fines serán el estímulo, desarrollo y coordinación del deporte universitario.

Entrenamiento Deportivo

De acuerdo con Harre (1989), por entrenamiento deportivo debe entenderse:

> El proceso basado en los principios científicos, especialmente pedagógicos, del perfeccionamiento deportivo, el cual tiene como objetivo conducir a los deportistas hasta lograr máximos rendimientos en un deporte o disciplina deportiva,

actuando planificada y sistemáticamente sobre la capacidad de rendimiento y la disposición para éste (p. 16).

Además, al decir del autor arriba citado, el denominado entrenamiento deportivo está dirigido al incremento del rendimiento físico, psíquico, técnico, táctico e intelectual del atleta.

Efectivamente, el rendimiento deportivo depende de: (a) Las facultades del atleta y (b) De su disposición hacia el rendimiento.

En primer lugar, las facultades se identifican con las valencias físicas, las habilidades técnico-deportivas y tácticas, la capacidad intelectual y los conocimientos y experiencias del deportista, mientras que la llamada disposición hacia el rendimiento no es otra cosa que la actitud del atleta frente a las exigencias del entrenamiento y la competencia.

Periodización del Entrenamiento Deportivo

Según el criterio expresado por Barrios y Ranzola (1995), por periodización debe entenderse "la forma de estructurar el entrenamiento deportivo en un tiempo determinado, a través de períodos lógicos, donde se comprenden las regulaciones del desarrollo de la preparación del deportista y de la forma deportiva" (p. 80).

Así pues, es comúnmente aceptada la existencia de tres períodos del entrenamiento: (a) Preparatorio, (b) Competitivo y (c) Transitorio.

Período Preparatorio

Para Lopategui (2000) es el primer período o etapa para la creación de los prerrequisitos y el establecimiento de las bases para: (a) Alcanzar la forma deportiva a niveles óptimos y en el tiempo requerido, (b) Constituir una base para la capacidad regular de rendimiento durante el período de competencias y (c) Aumentar al máximo las capacidades de los sistemas energéticos que predominan en el deporte específico practicado por el atleta.

Además, la literatura sobre la materia ha definido como objetivos generales de esta etapa, los siguientes:

1. Desarrollar e integrar a un óptimo nivel la estructura general del entrenamiento deportivo (o forma deportiva), compuesta de la preparación física, técnica, táctica y psicológica del atleta, de manera que se encuentre listo para el período competitivo.

2. Desarrollar niveles óptimos de aptitud física relacionada con la salud y destrezas deportivas

Del mismo modo, se identifican los siguientes objetivos específicos del período preparatorio:

1. Adquirir y mejorar la preparación física general (o aptitud física).

2. Mejorar las habilidades psico-motoras requeridas por el deporte y desarrollar, mejorar y/o perfeccionar la técnica.

3. Familiarizarse con las maniobras estratégicas básicas a desarrollar en el siguiente período.

4. Mejorar el conocimiento teórico del atleta con respecto a la teoría y metodología del entrenamiento que son específicas al deporte que se practica.

5. Cultivar características específicas psicológicas.

Por otra parte, dada la gran cantidad de tareas de este período y su duración (25 a 50% del total), se subdivide en período preparatorio general y especial, cuyos objetivos se aprecian en el cuadro Nro. 1:

Cuadro Nro. 1
Objetivos de los Períodos Preparatorios General y Especial

Período Preparatorio General	Período Preparatorio Especial
1. Mejorar el nivel general de las habilidades funcionales del organismo (fuerza, velocidad, resistencia). 2. Desarrollo de un alto nivel de condición física para poder facilitar el entrenamiento y competencia venidera. 3. Aumentar la capacidad para el trabajo físico o esfuerzo atlético. 4. Mejorar los fundamentos de las destrezas motoras y/o elementos técnicos. 5. El mejoramiento de las maniobras tácticas-estratégicas. 6. Desarrollar e incrementar la determinación, perseverancia y fuerza de voluntad de la esfera psicológica atlética.	1. Desarrollar las aptitudes específicas demandadas por el deporte o evento particular que practica el atleta o equipo. 2. Mejorar, dominar y perfeccionar los elementos técnicos, psicomotores y tácticos - estratégicos exclusivos del deporte. 3. Transición hacia la temporada competitiva, en la cual se intenta asegurar un establecimiento directo de la forma deportiva.

Fuente: Lopategui, 2000

De la anterior comparación se desprende que si bien es cierto el período especial se caracteriza por la especificidad y perfeccionamiento deportivo, no es menos cierto que es durante el período preparatorio general que se sientan las bases, especialmente de la forma física donde descansarán tanto las cualidades motrices propias del deporte, como los fundamentos técnicos y la preparación psicológica.

Período Competitivo

Es aquella fase del entrenamiento deportivo que "representa, en el ciclo anual o semestral, la etapa donde están concentradas las competencias fundamentales del calendario oficial" (Barrios y Ranzola, 1995, p. 93).

Por otro lado, Lopategui (2000), de manera más detallada considera que esta importante etapa, razón de ser del entrenamiento:

1. Se propone perfeccionar todos los factores de entrenamiento, de manera que permita al atleta mejorar sus habilidades y así poder competir exitosamente en la competencia principal o evento de campeonato.

2. Coincide con el campeonato o la temporada de competencias, durante el cual se proyecta mantener la condición física, la técnica-habilidades psicomotoras de la destreza, el conocimiento táctico-estratégico y las dimensiones psicológicas que fueron desarrolladas al final del período preparatorio.

3. La forma deportiva se retiene y es realizada en los logros deportivos.

Igualmente, dentro de los objetivos de índole general para este período destacan: (a) Perfeccionar y mantener la forma deportiva óptima, desarrollada durante el período preparatorio y (b) Diseñar un programa de entrenamiento que tenga el suficiente volumen e intensidad para mantener una aptitud física esencial y necesaria para un rendimiento deportivo óptimo durante el período competitivo.

Por consiguiente, para el logro de estos últimos se plantean los siguientes objetivos específicos:

1. El mejoramiento continuo de las habilidades psico-motoras y características psicológicas en conformidad con los aspectos específicos del deporte.

2. La perfección y consolidación de la técnica.

3. Presentar-enfatizar, perfeccionar y aplicar maniobras tácticas y obtener experiencia competitiva.

4. Mantener la preparación-acondicionamiento general (aptitud física).

5. Mejorar el nivel del conocimiento teórico

En relación con su duración, Barrios y Ranzola (1995), reconocen que depende de la disciplina deportiva. Sin embargo, describen la existencia de dos estructuras: simple y compleja. La primera alude a períodos relativamente breves de 1 a 3 meses, mientras que la segunda se refiere a períodos de 4 a 5 meses, separados con etapas intermedias de 4 a 5 semanas.

Período Transitorio

También denominado período de Transición o de tránsito es, de acuerdo con Lopategui (2000), "aquella fase que le sigue a un período de preparación, trabajo fuerte y competencias estresoras, durante la cual los atletas se someten a un descanso activo con el fin de remover la fatiga nerviosa y recuperar la forma deportiva" (p. 16).

En ese orden de ideas, dentro de sus características destacan:

1. Constituye un período de tiempo relativamente libre, no-estructurado y de reconstrucción, en el cual pueden trabajar todos los aspectos de rendimiento, y prevenir el efecto acumulativo del entrenamiento y competencias (sobre-entrenamiento), así como asegurar la rehabilitación de las habilidades adaptativas del organismo y garantizar la continuidad entre los dos períodos de perfeccionamiento deportivo.

2. La fase del entrenamiento donde se produce un descenso en el nivel de las cualidades deportivas y se realizan actividades de relajación y ejercicios no específicos al deporte en que se compite, de suerte que restaure o regenere completamente las dimensiones biológicas y psicológicas del atleta y se encuentre listo para el próximo período.

3. Representa un eslabón entre dos ciclos anuales, a través del cual la fatiga muscular, la del sistema nervioso central (SNC) y la psicológica-emocional (adquirida durante los períodos previos) se disipa progresivamente y ocurre una completa regeneración psíquico-física, mediante ejercicios de desarrollo genérico-general y la práctica de otros deportes.

En consecuencia, el período transitorio tiene los siguientes objetivos:

1. Proveer una restauración física y mental-emocional completa. Se propone facilitar el reposo psicológico, relajación y regeneración biológica.

2. Prevenir el sobreentrenamiento, estancamiento psicológico y la posibilidad de lesiones.

3. Mantener un nivel aceptable de preparación física general (un nivel base razonable de aptitud física).

4. Prevenir la acumulación excesiva de peso graso: Esto implica que los atletas mantengan su peso corporal dentro de sus límites normales de participación o razonablemente cerca de los mismos.

5. Mantener la fuerza y resistencia muscular.

6. Mantenimiento de la integridad ligamentosa y ósea.

7. Mantener un nivel aceptable de destrezas en el deporte específico del atleta.

Respecto de su duración, algunos consideran prudente que los períodos de descanso activo sean de 1 a 5 semanas.

En resumen, del análisis de los 3 períodos que componen el proceso de entrenamiento deportivo, se desprende la trascendencia de la preparación física de los deportistas (aunque en el período transitorio con otros fines) por lo que la evaluación del rendimiento físico de los atletas posee importancia capital para garantizar el logro de los objetivos planteados inicialmente.

La Preparación Física

En virtud de los objetivos del estudio, especial mención requiere este aspecto del entrenamiento deportivo. En ese sentido, el contenido de la preparación física está representado fundamentalmente por las cualidades motrices que de manera específica se involucran con la disciplina deportiva en cuestión. Sin embargo, estas valencias físicas se sustentan a su vez en un rendimiento físico general y una salud estable (Harre, 1989).

Al respecto, es necesario abordar la siguiente división de la preparación física: (a) Preparación Física General y (b) Preparación Física Específica.

La primera de ellas, al decir de Vargas (1980), alude al "mejoramiento de las cualidades físicas que de alguna forma puedan influir en un mayor incremento de los resultados conseguidos por las cualidades físicas objeto de la preparación física específica" (p. 12).

De allí que, son reconocidas en este grupo, la fuerza de la musculatura de las extremidades superiores (Barrios y Ranzola, 1995), la velocidad de desplazamiento y la resistencia aeróbica.

Por el contrario, la preparación específica se interesa por el mejoramiento y desarrollo de las cualidades físicas que directamente influyen en el rendimiento del atleta.

En efecto, la potencia de los músculos extensores de rodillas, sería una valencia física objeto de la preparación especial del voleibolista, sin la cual no podría pensarse en un rendimiento aceptable en la disciplina.

No obstante, debe quedar claro según expone Matvéev (1983), que un atleta constituye un organismo que no puede ser segmentado y en consecuencia, no puede concebirse un desarrollo aislado de sus valencias físicas. Así, la especialización deportiva está condicionada "por el desarrollo físico multifacético del deportista..." (p. 71).

Principios de la Preparación Física

De acuerdo con Pila Teleña (1981), la preparación física debe fundamentarse en los siguientes principios científicos del entrenamiento: (a) Totalidad y (b) Adaptación.

El mismo autor señala que la totalidad implica la interacción de todos los órganos y sistemas del cuerpo humano e involucra el desarrollo y mejoramiento de todas y cada una de las cualidades motrices como la resistencia, fuerza, velocidad, flexibilidad y agilidad, así como de las facultades llamadas volitivas (decisión, sangre fría, valor, tenacidad).

En consecuencia, el trabajo a realizar debe orientarse principalmente al desarrollo de los sistemas cardiovascular, respiratorio y muscular-articular.

Por su parte, el principio de adaptación, se fundamenta en el denominado síndrome general de adaptación, por lo que "el organismo vivo sometido a un ejercicio de intensidad se adapta progresivamente al mismo hasta soportar estímulos en los límites fisiológicos de su capacidad" (Schutz y Arnodt, citados por Pila Teleña, 1981, Tomo II, p.9).

Para ello, se deben considerar las siguientes reglas:

1. Continuidad

Se refiere a que el entrenamiento físico ha de tener continuidad por meses y años, ya que las transformaciones anatomo-fisiológicas que ocurren en el organismo producto del entrenamiento no se obtienen abruptamente, sino que requieren tiempo.

Sin embargo, deben evitarse tanto el sobreentrenamiento como el descanso total, en razón que se ha comprobado que las cualidades motrices en estos casos retroceden más rápidamente que como progresan.

Ciertamente, las consecuencias negativas del sobreentrenamiento implican no solo disminución de los niveles alcanzados por las valencias físicas sino que desde el punto de vista psicológico tiende a desmoralizar al atleta, mientras que de acuerdo con datos reportados por investigaciones un lapso aproximado de 20 días de descanso total conlleva una pérdida de los niveles de las capacidades físicas entre un 10 y 20% y un período de descanso absoluto de 30 días genera una pérdida de 25% aproximadamente.

2. Cargas de Trabajo

Resulta muy importante que el entrenamiento físico se fundamente en la relación entre el estímulo y la respuesta, porque de lo contrario, estímulos excesivos pueden generar sobreentrenamiento y estímulos insuficientes no beneficiarán las cualidades del atleta.

Asimismo, las cargas de trabajo deben ser asignadas o modificadas en función de cada individuo, independientemente de que el entrenamiento se realiza por lo general en forma colectiva.

De esta manera, se incorpora el término dosificación o asignación de dosis de trabajo físico adaptadas a las posibilidades individuales de los deportistas, dirigidas a garantizar un desarrollo constante de las cualidades motrices y a alcanzar las metas propuestas para el año o ciclos mayores.

3. Recuperación

La demanda energética que implica el cumplimiento de las actividades de los métodos de entrenamiento puede perjudicar el desarrollo de las valencias físicas, cuando son excesivos o demasiado constantes. Por ello, es necesario racionalizar el proceso de entrenamiento para garantizar períodos de recuperación adecuados con posterioridad a cada sesión de trabajo.

En consecuencia, el entrenador debe planificar los microciclos de entrenamiento variando la intensidad de cada sesión, es decir, alternar sesiones de entrenamiento de intensidades altas, bajas y medias.

4. Volumen e intensidad

Existen básicamente dos formas de variar las cargas de trabajo para el desarrollo o mejoramiento de las cualidades motrices: (a) Aumentado progresivamente el volumen de trabajo (número de sesiones por semana, número de horas por sesión, etc) y (b) Aumentando progresivamente la intensidad del entrenamiento (porcentaje de trabajo en relación con la carga máxima).

Cualidades Motrices

También llamadas valencias físicas, capacidades físicas y cualidades o capacidades motoras, son aquellas facultades corporales innatas que posee un individuo y que pueden ser desarrolladas o mejoradas a través del entrenamiento sistemático.

Resistencia

Es la facultad que posee un individuo para sostener un esfuerzo físico de manera eficiente durante el mayor tiempo posible. La resistencia puede asumir dos formas: (a) Aeróbica y (b) Anaeróbica.

La primera, se caracteriza por estar presente en aquellos esfuerzos físicos de baja o moderada intensidad, con una duración superior a los tres minutos y en equilibrio entre la demanda y el aprovechamiento del oxígeno por parte de los tejidos del organismo. Por lo tanto, este tipo de resistencia depende del funcionamiento de los sistemas cardiovascular y respiratorio.

Por el contrario, la resistencia anaeróbica se caracteriza porque se evidencia en esfuerzos de alta intensidad, cuya duración es corta (inferior a los 3 minutos) por lo que se genera una deuda o desequilibrio de oxígeno y depende fundamentalmente del sistema muscular y de las reservas de glucógeno en el organismo.

Fuerza

Según Vargas (1980), por fuerza debe entenderse "la capacidad de oponerse a una resistencia y operar frente a ella por el esfuerzo muscular" (p. 29).

Sin embargo, en razón de tratarse de una cualidad esencialmente muscular, es necesario distinguir los diferentes tipos de fuerza, en atención a los tipos de contracción muscular:

1. Fuerza Isotónica

Se caracteriza por una contracción muscular que produce "un acortamiento apreciable en la longitud del músculo" (Hoeger, 1992, p. 52). En esta categoría deben distinguirse a su vez: (a) Contracción Concéntrica, aquella en la cual se aproximan las inserciones del músculo en contra de la fuerza de gravedad y (b) Contracción Excéntrica, aquella en que "el músculo sufre un estiramiento estando contraído, al oponerse a la fuerza externa y va a favor de la fuerza de la gravedad" (p. 52)

2. Fuerza Isométrica

En esta categoría se incluyen las contracciones musculares en que si bien es cierto, no se produce una modificación de la longitud del músculo, se genera tensión y calor en la fibra muscular.

Al respecto de los tipos de contracciones descritos, Procopio (2006) ilustra que un ejemplo claro de contracción isotónica concéntrica se produce "cuando llevamos un vaso de agua a la boca para beber. Existe acortamiento muscular concéntrico ya que los puntos de inserción de los músculos se juntan, se acortan o se contraen" (p.2).

En términos similares, el mismo autor explica que la contracción es excéntrica por ejemplo "cuando llevamos el vaso desde la boca hasta apoyarlo en la mesa, en este caso el bíceps braquial se contrae excéntricamente" (p.2).

Por otro lado, ejemplo de contracción isométrica se aprecia "cuando llevamos a un chico en brazos, los brazos no se mueven mantienen al niño en la misma posición y generan tensión para que el niño no se caiga al piso, no se produce ni acortamiento ni alargamiento de las fibras musculares" (p. 3).

Finalmente, se expone la existencia de otros dos tipos de contracción. (a) Auxotónica, que combinan contracciones isotónicas con contracciones isométricas. Al iniciarse la contracción se acentúa más la parte isotónica, mientras que al final de la contracción se acentúa más la isométrica e (b) Isocinéticas, como una "contracción máxima a velocidad constante en toda la gama de movimiento" (Procopio 2006, p.4)

Potencia

A partir de la definición física de la potencia como el producto de la fuerza por la velocidad, es posible señalar que desde el punto de vista de las cualidades motrices la potencia muscular es la capacidad de oponerse a una resistencia y vencerla en el menor tiempo posible.

Velocidad

Al decir de Grosser y Brüggeman (citados por Barrios y Ranzola, 1995), "la velocidad es la capacidad de reaccionar con máxima rapidez frente a una señal y/o de realizar movimientos con máxima velocidad" (p. 6).

Por su parte, Pila Teleña (1981) formula una definición de la velocidad distinguiendo varios componentes al expresar que se trata de una "facultad de reaccionar a los estímulos (velocidad de reacción), contraer los músculos (velocidad contráctil muscular) y trasladarse sobre sus pies, en el agua o sobre un implemento (velocidad de desplazamiento) lo más rápido posible" (Tomo I, p.15).

Flexibilidad

Constituye una facultad corporal que permite al individuo realizar movimientos amplios con fundamento en la movilidad de las articulaciones y en la capacidad de elongación del músculo.

Agilidad

De acuerdo con el criterio de Diez y Becerra (1981), "es la capacidad que tiene un individuo para trasladar su cuerpo o partes de él, de un lugar a otro, y cambiar de dirección en una forma rápida y precisa" (p. 52).

Evaluación de la Preparación Física

A los efectos de valorar la efectividad del entrenamiento físico, resulta necesario realizar su evaluación, la cual según Pila Teleña (1981, Tomo II) configura una "operación sistemática integrada en el proceso deportivo (en este caso de la preparación física) a fin de conseguir su mejoramiento continuo y se basa en el conocimiento lo más exacto posible del deportista" (p. 92).

Principios de la Evaluación de la Preparación Física

El cumplimiento de los objetivos de la evaluación de la preparación física requiere que dicha actividad sea orientada por los siguientes principios (Pila Teleña, 1981):

Inherencia

Este principio se explica en el sentido de que la evaluación debe considerarse como inherente al proceso de la preparación física.

Periodicidad

Significa que debe ser una actividad dentro del plan de preparación que debe ejecutarse al inicio, por cada período de la preparación del deportista y cuando el entrenador lo juzgue necesario.

Objetividad

Se refiere a que el fundamento de la evaluación debe ser un proceso de medición de las variables de interés (valencias físicas).

Integralidad

Implica que el proceso de preparación física debe ser evaluado considerando todos y cada uno de los elementos que en él intervienen.

Orientación

Este principio se refiere a que los resultados de la evaluación deben ser utilizados para orientar el proceso de la preparación física individual y colectiva.

Motivación

Esto significa que la evaluación debe representar un reto para la superación física de los atletas.

Funcionalidad

Con este principio se indica que la evaluación debe ser factible de realizar las veces que sea necesaria para diagnosticar la eficiencia de los planes y métodos de trabajo.

Instrumentos para Evaluar la Preparación Física

Dentro de las herramientas para lograr la evaluación de la preparación física con criterios objetivos, la literatura sobre la materia coincide en mencionar: (a) Los tests o pruebas físicas, (b) Las estadísticas recogidas en las competencias y (c) Los chequeos médicos. Sin embargo, atendiendo a los objetivos de la investigación y la importancia para medir y evaluar el rendimiento físico, será ampliamente comentado lo referente a los tests físicos en secciones posteriores.

Utilidad de la Evaluación de la Preparación Física

Los múltiples usos y beneficios que proporciona la evaluación del proceso de preparación física del deportista, pueden ser clasificados atendiendo al beneficiario:

Para el deportista

1. Les permite conocer los progresos o debilidades de sus cualidades motrices en forma precisa

2. Reorientar el trabajo individual que realizan.

3. Comparar sus niveles de rendimiento con otros atletas de edades similares.

Para el entrenador

1. Identificar fallas de la preparación física.

2. Reorientar la preparación física de los atletas a su cargo, desde el punto de vista individual y colectivo.

3. Valorar la evolución de sus jugadores.

4. Autoevaluarse

5. Redimensionar en forma global el proceso de entrenamiento deportivo.

6. Conocer los niveles de las valencias físicas de sus jugadores, atendiendo al período de entrenamiento en que se encuentran.

7. Agrupar a sus atletas en núcleos homogéneos para facilitar el desarrollo de algunas actividades de entrenamiento.

8. Realizar pronósticos sobre el rendimiento de sus atletas en las competencias principales

Para la institución que representan

1. Evaluar el trabajo de sus entrenadores.

2. Optimizar la asignación de recursos económicos a las diferentes disciplinas deportivas.

3. Pronosticar los resultados en las competencias principales.

Evaluación del Rendimiento Físico

Se denomina de esta manera al proceso fundamentado en la medición de las cualidades físicas, principalmente a través de pruebas o tests, cuya finalidad es comparar los resultados obtenidos con un criterio previamente definido y emitir un juicio sobre el desempeño individual y colectivo de los sujetos evaluados.

Tests Físicos

Para Blázquez (citado por Mateo, 2000), los tests o pruebas físicas constituyen:

Una situación experimental y estandarizada, que sirve de estimulo a un comportamiento. Este comportamiento se evalúa mediante una comparación estadística con el de otros individuos colocados en la misma situación de modo que es posible clasificar al sujeto examinado desde el punto de vista cuantitativo o bien tipológico (p. 4).

De lo anterior se desprende que, los tests representan el fundamento objetivo de la evaluación del rendimiento físico, para lo cual es necesario comparar los resultados alcanzados por los atletas y emitir un juicio sobre dicho rendimiento.

Condiciones que deben reunir los Tests:

Dentro de las notas que deben caracterizar a cualquier test, la literatura sobre la materia coincide en señalar:

1. Validez: significa que el test valore aquello que realmente se pretende medir.

2. Fiabilidad: se refiere a la precisión de la medida que aporta.

3. Objetividad: en el sentido de la independencia de los resultados obtenidos.

4. Normalización: implica la posibilidad de una transformación inteligible de los resultados.

5. Estandarización: significa que la prueba, forma de realizarla y condiciones de ejecución estén uniformizadas.

Organización y Aplicación de los Tests Físicos

Al decir de Litwin y Fernández (1977) en la evaluación del rendimiento físico a través de una batería de tests, deben ser tomados en cuenta tres importantes momentos: (a) Antes de la prueba, (b) Durante la prueba y (c) Después de la prueba.

Aspectos a considerar antes de aplicar el Test

Antes de proceder a la administración de la prueba deben tomarse en cuenta los siguientes aspectos:

1. Selección de la prueba: para ello se requiere escoger un test que se ajuste a los objetivos perseguidos, ser confiable, válido y acorde con el personal, materiales, equipos y tiempo disponible.

2. Conocimiento del test: en el sentido que los administradores de la prueba deben familiarizarse con ella, así como con las técnicas de aplicación

3. Equipos e instalaciones: con suficiente anticipación se debe disponer de todos aquellos accesorios necesarios para la aplicación del test, como cronómetros, cintas métricas, lápices, tiza, formatos de registro, entre otros.

4. Preparación del personal: se refiere a la formación y perfeccionamiento de las personas que administrarán las pruebas físicas sobre instrucciones y técnicas de aplicación, uso de los materiales y equipos, registro de los datos, etc.

5. Orden de ejecución de las pruebas: es necesario aclarar el orden que se seguirá para administrar los tests físicos. Dicho orden deberá respetarse para el caso de evaluar grupos en días diferentes, aplicando las pruebas en las mismas horas del día, instalaciones, con los mismos equipos y materiales.

Aspectos a considerar durante la aplicación del Test

Al momento de aplicar la prueba, debe cumplirse con lo siguiente:

1. Orientación de los Atletas participantes en las pruebas: es necesario informar suficientemente a los deportistas respecto al propósito del test, el uso que se dará a los resultados obtenidos.

2. Calentamiento: debe garantizarse el acondicionamiento neuromuscular adecuado de los participantes para así evitar lesiones comunes como torceduras, desgarres y contracturas musculares.

3. Instrucciones y demostración: debe explicarse en forma suficiente cada una de las pruebas que componen la batería, complementándola con la

demostración del movimiento a realizar, enfatizando en los detalles del test y permitiendo a los atletas que pregunten sobre sus posibles dudas.

4. Motivación: en todo momento deben asumirse estrategias para motivar al atleta a la ejecución de la prueba mostrando su mayor esfuerzo.

5. Seguridad: este importante aspecto implica que se deben tomar todas las medidas necesarias para garantizar la seguridad de los ejecutantes, tales como disponer de personal paramédico, eximir al atleta de pruebas que puedan resultar riesgosas en virtud de viejas lesiones, logística, etc.

Aspectos a considerar después de la aplicación de las Pruebas

Una vez finalizada la aplicación de la batería de tests físicos, entre otros aspectos pueden mencionarse los siguientes:

1. Tabular los datos: en la actualidad este proceso se realiza a través de computadoras y programas estadísticos que facilitan enormemente el tratamiento de los resultados.

2. Análisis e interpretación de la información: los resultados de las pruebas deben ser analizados considerando además variables como sexo, edad, disciplina deportiva, rol del jugador en su deporte. Esta actividad debe realizarse conjuntamente con el preparador físico y el entrenador.

3. Publicación de los resultados: los datos obtenidos de las pruebas físicas deben ser conocidos por los participantes dentro de un lapso de tiempo breve que permita retroinformarlos para la toma de decisiones respecto de la efectividad de la preparación física.

4. Archivo de los datos: la información obtenida de la aplicación de los tests físicos debe ser archivada (tanto los formatos como el material informático) y puesta a buen resguardo para permitir una evaluación más amplia de la evolución física de los atletas.

Tests para medir las valencias físicas

A continuación se presenta una descripción de las pruebas físicas que fueron seleccionadas atendiendo a los objetivos y demás criterios explicados anteriormente.

Test de 1500 metros planos

Esta prueba tiene como objetivo medir la capacidad aeróbica de los atletas. El equipo necesario para su aplicación es un cronómetro, pito, números, así como una pista de atletismo o terreno plano acondicionado (Martínez López, 2002).

Para ello, debe marcase el lugar de la salida y la llegada de la prueba. La orden de inicio de la prueba debe darse con una pistola de salida o un silbato. Se debe registrar el tiempo en minutos y segundos en cubrir la distancia. (figura Nro. 1).

Asimismo, una vez finalizada la prueba, cada atleta debe continuar trotando o caminado, pero en ningún caso detenerse bruscamente pues podría traer como consecuencia un descenso de la presión sanguínea con posibles mareos o desmayos.

Figura Nro. 1

Test de 40 Metros Lanzados

Se desarrolla en una pista de atletismo o terreno plano similar y el material a utilizar es simplemente un cronómetro que permita registrar hasta centésimas de segundo, un silbato o pistola de salida un formato de anotación, conos o líneas pintadas con cal. A través de esta prueba se mide la velocidad de desplazamiento de los atletas. Consiste realmente en una carrera de 50 metros, lo que sucede es que los primeros diez metros están destinados a que el ejecutante pueda lograr su máxima aceleración. (Alvarado, 2002).

En consecuencia, una vez que el deportista pasa sobre la línea o cono que identifica los primeros 10 metros, un asistente produce una señal con un silbato o pistola de salida para que un segundo asistente, colocado sobre la línea final active su cronómetro el cual detendrá una vez que el atleta haya recorrido los 40 metros restantes. (ver figura Nro. 2) Posteriormente, un tercer asistente registrará el tiempo empleado por el atleta en recorrer los 40 metros.

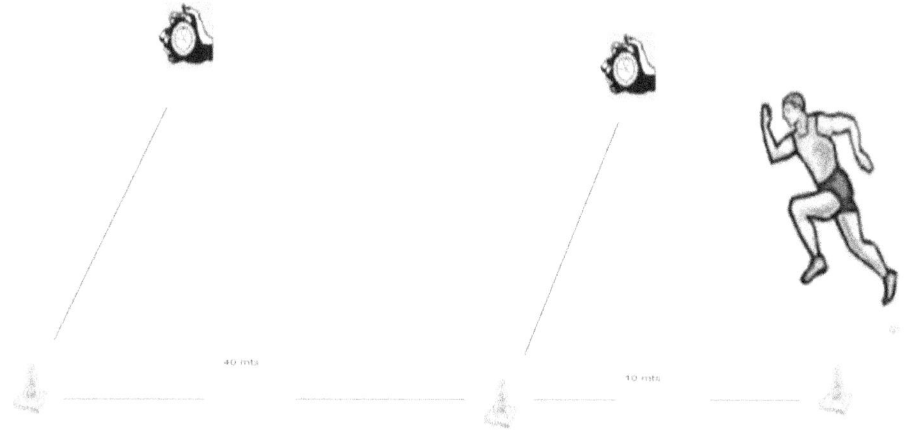

Figura Nro. 2

Test de Salto de Longitud

El objetivo de esta prueba es medir la potencia de músculos extensores de rodillas. La acción del ejecutante se dirige a alcanzar la mayor distancia posible con un salto sin impulso. Se requiere para su aplicación un terreno plano, una cinta métrica (5 metros) y formatos para registrar la actuación de los atletas. (Diez y Becerra, 1981).

Inicialmente, el ejecutante se coloca con los pies ligeramente separados (a lo ancho de los hombros) detrás de la línea de partida. Luego realiza un balanceo de los brazos desde adelante hacia atrás y semiflexionando las rodillas. Al traer nuevamente los brazos hacia adelante, se extienden enérgicamente las rodillas y se proyecta el cuerpo hacia adelante tratando del alcanzar la mayor distancia posible. (ver figura Nro. 3).

Luego, para tomar la medición, se registra la distancia desde la línea de salida hasta la huella más cercana que dejó el cuerpo y se anota en metros y centímetros.

Figura Nro. 3

Test de Burpee

Con esta prueba física, al decir de Diez y Becerra (1981) se mide la agilidad para cambiar el cuerpo de posición, aunque en la actualidad de utiliza comúnmente para le medición de la resistencia anaeróbica (Mateo,

2000, Martínez López, 2003). Para su administración, se necesita únicamente una superficie plana, cronómetro y un silbato.

Ahora bien, el ejecutante realiza el siguiente ejercicio el mayor número de veces posibles en 15 segundos. El ejercicio consta de cinco posiciones: Posición 1: alumno de pie brazos colgando. Posición 2: alumno con piernas flexionadas. Posición 3: con apoyo de manos en el suelo, se realiza una extensión de piernas. Posición 4: flexión de piernas y vuelta a la posición 2. Posición 5: Extensión de piernas y vuelta a la posición 1. (ver figura Nro. 4). Se considera una repetición cuando el ejecutante partiendo de la posición 1 pasa a la 5 realizando correctamente las posiciones 2,3 y 4.

Figura Nro. 4

Test de Flexión de Tronco

A través de esta prueba se mide, de acuerdo con Alexander (1995), la amplitud de movimiento de la articulación coxofemoral (cadera) y la capacidad de elongación de los músculos de la región posterior del muslo. Además para su aplicación, se requiere un flexómetro o instrumento similar.

Dentro de las condiciones para la realización, destacan:

1. El sujeto descalzo debe sentarse delante del flexómetro con los pies ligeramente separados, haciendo contacto con toda la planta, manteniendo las rodillas extendidas y los brazos al frente con las manos superpuestas, de

manera tal que los dedos medios queden al mismo nivel en proyección frontal.

2. El ejecutante debe flexionar el tronco hacia adelante, deslizando el cursor del flexómetro con la parte anterior de los dedos medios, tan adelante como lo permitan las articulaciones y músculos (ver figura Nro. 5). El movimiento debe ser relativamente lento y sin insistencia. Se registra en centímetros la distancia alcanzada por el ejecutante.

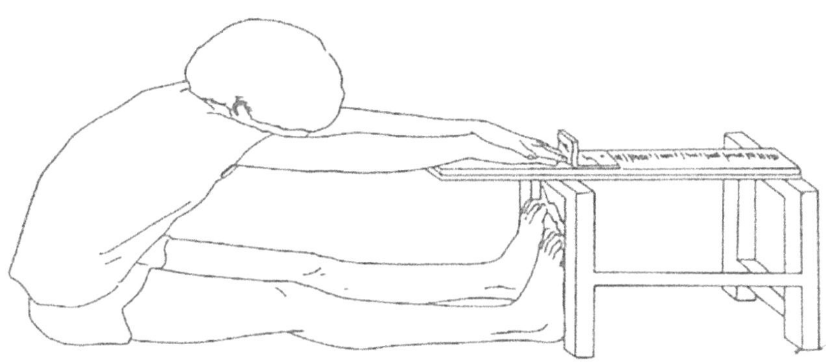

Figura Nro. 5

Variables de la Investigación

Al decir de Arias (2004), una variable representa "una característica, cualidad o medida que puede sufrir cambios y que es objeto de análisis, medición o control en una investigación" (p. 55).

Por su parte, Romero (1986), puntualiza que resulta necesario lograr el conocimiento cuantitativo de las variaciones en las características consideradas en la investigación, por lo que deben ser definidas las variables operacionalmente, es decir, expresando la forma en que serán medidas.

De allí que, además de las valencias físicas o cualidades motrices definidas en éste capítulo, serán consideradas como variables de la investigación, las siguientes:

Rendimiento Físico General

Es el nivel de aptitud física que posee un individuo en un momento determinado y que se evidencia como sumatoria de los resultados obtenidos en las pruebas para medir las valencias físicas: resistencia aeróbica, velocidad de desplazamiento, potencia muscular de miembros inferiores, agilidad y flexibilidad.

Disciplina Deportiva

Actividad deportiva en la cual se desempeñan los atletas universitarios: Voleibol, Tae Kwon Do, Kárate Do, Rugby, Softbol, Atletismo y Béisbol.

A continuación, en el Cuadro Nro. 2, se presenta una clasificación estadística de las variables de la investigación, así como el respectivo nivel de medición:

Cuadro Nro. 2
Clasificación Estadística de las Variables de la Investigación

Variables	Clasificación	Nivel de Medición
Rendimiento Físico	Cuantitativa Continua	Intervalo
Resistencia Aeróbica	Cuantitativa Continua	Intervalo
Velocidad	Cuantitativa Continua	Intervalo
Potencia	Cuantitativa Continua	Intervalo
Agilidad	Cuantitativa Continua	Intervalo
Flexibilidad	Cuantitativa Continua	Intervalo
Valoración del Rendimiento Físico	Cualitativa Policotómica	Nominal
Valoración de Resistencia Aeróbica	Cualitativa Policotómica	Nominal
Valoración de la Velocidad	Cualitativa Policotómica	Nominal
Valoración de la Potencia	Cualitativa Policotómica	Nominal

Valoración de la Agilidad	Cualitativa Policotómica	Nominal
Valoración de la Flexibilidad	Cualitativa Policotómica	Nominal
Sexo	Cualitativa Dicotómica	Nominal
Disciplina Deportiva	Cualitativa Policotómica	Nominal

Hipótesis de la Investigación

Según Curcio (2002), las hipótesis constituyen "una anticipación, suposición o conjetura sobre características que posee algún fenómeno de la realidad o bien una conjetura sobre sus relaciones con otros fenómenos" (p. 93).

En ese orden de ideas, dentro de la utilidad de las hipótesis en la investigación, destaca su función descriptiva y explicativa en virtud que:

> Cada vez que una hipótesis recibe evidencia empírica en su favor o en su contra, nos dice algo acerca del fenómeno al cual está asociado o hace referencia. Si la evidencia es en su favor, la información sobre el fenómeno se incrementa; y aún si la evidencia es en su contra, descubrimos algo acerca del fenómeno que no sabíamos antes. (Black y Champion, citados por Hernández, Fernández y Baptista, 1991, p. 98).

Ciertamente, en el presente caso, como complemento para la evaluación del rendimiento físico de los atletas, resulta interesante conocer las posibles diferencias existentes en los resultados logrados en las pruebas, atendiendo a la disciplina deportiva, a los efectos de establecer con precisión estadística, cuáles grupos requieren mayor atención en su preparación física.

Por lo tanto, se plantearon hipótesis estadísticas de diferencias de medias u otros valores definidas por Hernández, Fernández y Baptista

(1991) como aquellas en que se comparan medidas estadísticas entre dos o más grupos.

En consecuencia, se formularon las siguientes hipótesis:

1. Existen diferencias estadísticamente significativas en el rendimiento físico general de los atletas en atención a la disciplina deportiva.

2. Existen diferencias estadísticamente significativas en la resistencia aeróbica de los atletas en atención a la disciplina deportiva.

3. Existen diferencias estadísticamente significativas en la velocidad de desplazamiento de los atletas en atención a la disciplina deportiva

4. Existen diferencias estadísticamente significativas en la potencia muscular de los atletas en atención a la disciplina deportiva.

5. Existen diferencias estadísticamente significativas en la agilidad de los atletas en atención a la disciplina deportiva.

6. Existen diferencias estadísticamente significativas en la flexibilidad de los atletas en atención a la disciplina deportiva

Hipótesis Estadísticas

Los términos en los cuales se procedió a someter a prueba cada una de las hipótesis del estudio, se desprenden de las siguientes hipótesis estadísticas:

Hipótesis Nula:

Ho: $\mu 1 = \mu 2$

Hipótesis de Investigación:

Hi: $\mu 1 \neq \mu 2$

Asimismo, el nivel de significación asumido para someter a prueba tales hipótesis fue 0.05, el cual por tratarse de una prueba bilateral que persigue establecer diferencias entre grupos debe dividirse entre dos y por lo tanto resulta un nivel de significación de 0.025 (Valera Ibarra, 2004).

CAPÍTULO III
MARCO METODOLÓGICO

En esta parte de la investigación se describen importantes aspectos vinculados con la forma sistemática para proceder a la recolección de la información que será analizada y que permitirá el logro de los objetivos del estudio y formular las conclusiones y recomendaciones pertinentes.

Al respecto, seguidamente se hace mención a la población, tipo y diseño de investigación, técnicas e instrumentos de recolección de datos, técnicas de análisis, entre otros.

Población

El universo bajo análisis, estuvo representado por 135 atletas pertenecientes a las preselecciones deportivas que representarán a la Universidad Rómulo Gallegos en los JUVINES 2007, quienes participaron en las pruebas físicas.

Asimismo, en el siguiente gráfico, se aprecia la distribución de la población por disciplina deportiva:

Gráfico Nro. 1
Distribución de la Población por Deporte

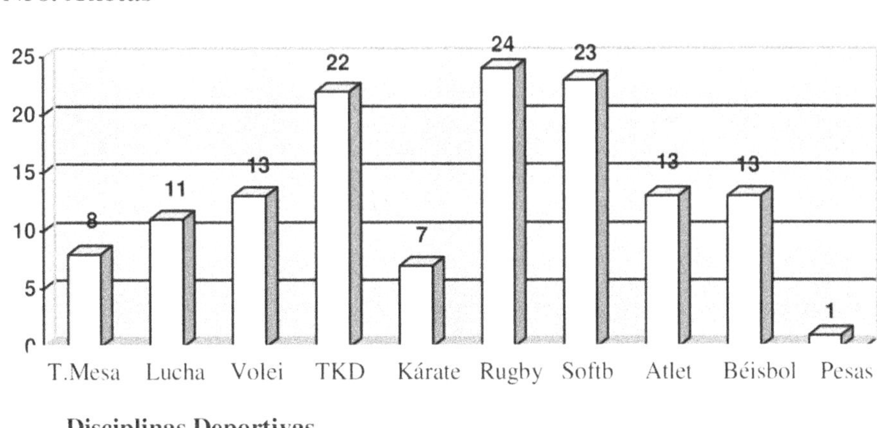

Fuente: Coordinación de Deporte de Rendimiento de la Unerg

Además, la distribución de la población en atención al sexo del atleta se distribuye como se describe en el Gráfico Nro. 2:

Gráfico Nro. 2
Distribución de la Población por Sexo

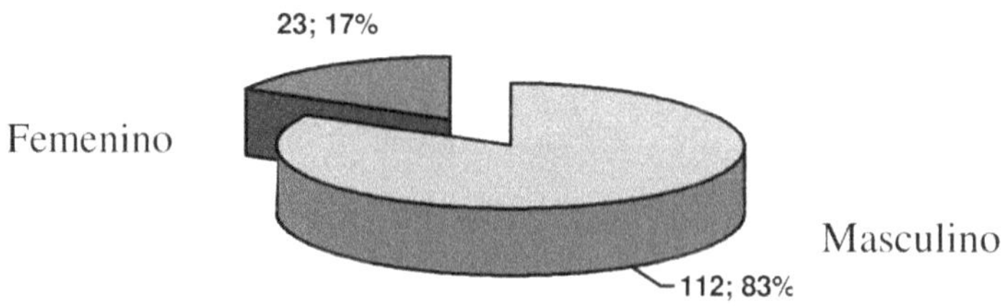

Fuente: Coordinación de Deporte de Rendimiento de la Unerg

En relación con los gráficos anteriores, se desprende una importante apreciación respecto del número de atletas que en términos generales participaron en las pruebas físicas, ya que a pesar de tratarse de preselecciones, fueron evaluados muy pocos deportistas por disciplina.

Por otra parte, la participación por sexo indica una considerable mayoría de atletas masculinos. Sin embargo, cabe destacar que el equipo de voleibol femenino no fue evaluado, en razón de no asistir a los JUVINES por haber sido eliminado en el torneo clasificatorio respectivo.

Igualmente es importante señalar, que atendiendo a los objetivos de la investigación, no se efectuó muestreo y se analizaron la totalidad de los sujetos que participaron en las pruebas físicas.

Tipo y Diseño de Investigación

De acuerdo con los objetivos del estudio, el mismo puede ubicarse dentro de la denominada investigación de campo, que al decir de Palella y Martins (2004), es aquella que "consiste en la recolección de datos directamente de la realidad donde ocurren los hechos, sin manipular o controlar variables" (p. 82) .

De allí que, enmarcada dentro de esta modalidad se realizó una investigación con un nivel descriptivo que "consiste en la caracterización de un hecho, fenómeno o grupo con el fin de establecer su estructura o comportamiento" (Arias, 2004, p. 22).

Por otro lado, si bien es cierto que generalmente en los estudios descriptivos no se formulan hipótesis, debe quedar claro que estas investigaciones pueden incluir hipótesis o no, según los objetivos perseguidos (Palella y Martins, 2004).

En tal sentido, como uno de los objetivos del estudio, se refiere al establecimiento de diferencias en el rendimiento físico de los atletas respecto a la disciplina deportiva, se formularon algunas hipótesis dirigidas a aportar información valiosa para contribuir con la evaluación del rendimiento físico.

En el mismo orden de ideas, el diseño de investigación utilizado para la recolección de los datos es no experimental y transeccional, en virtud de que no se manipulan variables y las mediciones de éstas se efectúa en "un momento único en el tiempo" (Hernández, Fernández y Baptista, 1991, p. 204).

Técnicas e Instrumentos de Recolección de Datos

Para la recolección de la información necesaria para evaluar el rendimiento físico de los atletas que formaron parte de la población, se utilizó la observación, mientras que los instrumentos estuvieron representados por los cinco tests físicos descritos en el capítulo II: (a) Prueba de los 1500 metros planos, (b) Test de 40 metros lanzados, (c) Test de Salto de longitud, (d) Test de Burpee y (e) Test de Flexión de Tronco, todos ellos administrados durante el período preparatorio correspondiente al plan anual de entrenamiento de cada disciplina.

Confiabilidad y Validez

En relación con estos importantes aspectos de los instrumentos de investigación, resulta pertinente señalar que existen sobradas evidencias que los tests físicos seleccionados cumplen con ambos requerimientos.

En efecto, dadas las características de tales instrumentos, la confiabilidad es determinada a través del método test-retest que implica una administración repetida en ocasiones distintas y la correlación entre ambas, mientras que se establece la validez de criterio, a través del método formas paralelas que implica la correlación entre los resultados obtenidos con el test en cuestión con otro instrumento que validamente mide la misma cualidad.

Por ejemplo, respecto de la prueba de salto de longitud, Farrally (citado por Martínez López, 2003) señala que "la fiabilidad del test de salto horizontal desde parado, como medida de la fuerza explosiva, presenta una fiabilidad de 0,96" (p. 14), así como su validez, al reportar altas correlaciones con la prueba de salto vertical.

Del mismo modo, Mateo (1998) ha señalado importantes correlaciones de la prueba de 1500 metros planos, así como entre éste test y otras pruebas de campo para medir la resistencia aeróbica como el test de balke y la prueba de Cooper, con lo cual se muestran evidencias de la confiabilidad y validez de la prueba de 1500 metros.

También en relación con el test de flexión de tronco adelante para medir la flexibilidad, Telama, Nupponen y Holopainen (1982) han reportado altos coeficientes de fiabilidad de 0.98 en hombres y 0.96 en mujeres. En cuanto a la validez, Jackson y Langford (citados por Martínez López, 2003) expresan correlaciones de 0.89 de esta prueba con otros tests cuyo objetivo es medir flexibilidad.

Además, Rodríguez, Yuste y Canteras (2002), en un estudio sobre la fiabilidad de las pruebas de agilidad, reportaron un importante 0.92 para el test de burpee. Al opinar en relación con la validez de la prueba, expresaron altos índices con otros conocidos tests para medir esta cualidad motriz, verbigracia la prueba de carrera de obstáculos y el test de la Universidad de Louisiana.

Finalmente, Alvarado (2002) muestra índices de fiabilidad de la prueba de 40 metros lanzados de 0.97, así como de la validez de dicho test al ser comparado con otras pruebas para la medición de velocidad de desplazamiento.

Procedimientos para la Recolección de los Datos

Para llevar a cabo la administración de las pruebas físicas que aportaron la información fundamental del estudio, se cumplió el siguiente procedimiento:

1. Se elaboró un cronograma de aplicación de las pruebas físicas indicando el día, fecha y pruebas a realizar. Al respecto, es necesario señalar que la hora (4.30 p.m) y el lugar (Pista de Atletismo de la Institución) fueron los mismos para todos los sujetos evaluados.

2. Se dirigió una comunicación a cada entrenador, notificándole la fecha correspondiente a su disciplina deportiva, anexando el cronograma elaborado.

3. Se obtuvo el material necesario para realizar las pruebas: pito, cronómetro, cinta métrica, cal, flexómetro y formatos de registro.

4. Se estableció el protocolo para la aplicación de la batería de pruebas seleccionada.

5. Se administraron las pruebas en las fechas indicadas en el cronograma.

6. Finalmente se tabularon los datos para su posterior análisis por computadora.

Técnicas de Análisis de Datos

En primer lugar, se utilizaron técnicas estadísticas descriptivas: (a) Frecuencias y porcentajes para la elaboración de los gráficos de barras de la variable valoración de las valencias físicas y del rendimiento físico general, (b) Medidas de tendencia central y medidas de dispersión para verificar la situación del promedio del grupo y su homogeneidad o heterogeneidad, (c) Medidas de Posición, concretamente la determinación de los percentiles 5, 10, 25, 50, 75, 90 y 95, necesarios para la construcción de las normas para evaluar el rendimiento físico de los atletas.

Posteriormente, se utilizó el Análisis de Varianza de una vía, para probar las hipótesis de diferencias en las valencias físicas y en el rendimiento físico general por disciplina deportiva. Además, se aplicó la prueba a posteriori de Scheffé, por tratarse de grupos desiguales (Ferrán Aranaz, 1996, Clemente Ventura, 1994, Etxeberria, Joaristi y Lizasoain, 1990) para puntualizar entre que pares de promedios de las disciplinas deportivas existían tales diferencias.

Cabe destacar que para todos los análisis se empleó el Paquete Estadístico para las Ciencias Sociales SPSS para Windows versión 12.0 en español.

CAPÍTULO IV
ANÁLISIS DE LOS RESULTADOS

Este segmento de la investigación, fue dividido en tres partes: (a) Diseño de las Normas para Valorar el Rendimiento Físico de los Atletas Unergistas, (b) Estadística descriptiva dirigida a identificar los niveles de rendimiento físico de los atletas y (c) Pruebas de Hipótesis de diferencias entre grupos.

Diseño de las Normas para Valorar el Rendimiento Físico

Para la elaboración de las normas utilizadas en la valoración del rendimiento físico de los atletas, se siguió el procedimiento descrito a continuación:

1. Aplicación de las pruebas físicas a los 112 atletas masculinos y 23 atletas femeninas.

2. Introducción de la data al computador y solicitud de cálculo de los percentiles 5, 10, 25, 50, 75, 90 y 95.

3. Construcción de las tablas contentivas de las normas por sexo para cada prueba indicando: (a) Resultado, (b) Percentiles, (c) Valoración y (d) Puntaje obtenido a los fines de determinar el Rendimiento Físico General de los atletas. Cabe destacar que la variable valoración fue categorizada de la manera siguiente: Excelente, Alta, Buena, Regular, Baja y Deficiente, correspondiéndoles un puntaje de seis (6), cinco (5), cuatro (4), tres (3), dos (2) y uno (1) respectivamente .

A continuación, en los tres cuadros siguientes, se presentan las normas elaboradas a través de los procedimientos arriba descritos para la valoración de las valencias físicas en atletas de los sexos masculino y femenino, así como las tablas para valorar el rendimiento físico general:

53

Cuadro Nro. 3
Normas para la Valoración del Rendimiento Físico del Sexo Masculino

Valencia Física: Resistencia - Prueba: 1500 Metros			
RESULTADO (Min)	**PERCENTILES**	**VALORACION**	**PUNTAJE**
>8.40	<P10	DEFICIENTE	1
8.40 y 8.08	≥P10 y <P25	BAJA	2
8.07 y 6.80	≥P25 y <P50	REGULAR	3
6.79 y 6.21	≥P50 y <P75	BUENO	4
6.20 y 5.48	≥P75 y <P90	ALTO	5
≤ 5.47	≥ P90	EXCELENTE	6
Valencia Física: Potencia Músculos Extensores de Rodillas **Prueba: Salto De Longitud A Pies Juntos**			
RESULTADO (Mts)	**PERCENTILES**	**VALORACION**	**PUNTAJE**
<1.82	<P10	DEFICIENTE	1
≥1.82 y 1.98	≥P10 y <P25	BAJA	2
≥1.99 y 2.13	≥P25 y <P50	REGULAR	3
≥2.14 y 2.27	≥P50 y <P75	BUENO	4
≥2.28 y 2.39	≥P75 y <P90	ALTO	5
≥ 2.40	≥ P90	EXCELENTE	6
Valencia Física: Agilidad **Prueba: Test de Burpee**			
RESULTADO (Rep)	**PERCENTILES**	**VALORACION**	**PUNTAJE**
<5	<P10	DEFICIENTE	1
5	≥P10 y <P25	BAJA	2
6	≥P25 y <P50	REGULAR	3
7	≥P50 y <P75	BUENO	4
8	≥P75 y <P90	ALTO	5
>8	≥ P90	EXCELENTE	6
Valencia Física: Velocidad **Prueba: 40 Metros Lanzados**			
RESULTADO (Seg)	**PERCENTILES**	**VALORACION**	**PUNTAJE**
>5.13	<P10	DEFICIENTE	1
≤5.13 y >4.89	≥P10 y <P25	BAJA	2
≤4.89 y >4.66	≥P25 y <P50	REGULAR	3
≤4.66 y >4.53	≥P50 y <P75	BUENO	4
≤4.53 y >4.40	≥P75 y <P90	ALTO	5
≤ 4.40	≥ P90	EXCELENTE	6
Valencia Física: Flexibilidad **Prueba: Flexión De Tronco**			
RESULTADO (Cms)	**PERCENTILES**	**VALORACION**	**PUNTAJE**
<19	<P10	DEFICIENTE	1
≥19 y <27.5	≥P10 y <P25	BAJA	2
≥27.5 y <32	≥P25 y <P50	REGULAR	3
≥32 y <37	≥P50 y <P75	BUENO	4
≥37 y <42	≥P75 y <P90	ALTO	5
≥ 42	≥ P90	EXCELENTE	6

Fuente: Base de Datos de la Investigación

Cuadro Nro. 4
Normas para la Valoración del Rendimiento Físico del Sexo Femenino

Valencia Física: Resistencia Aeróbica – Prueba: 1500 metros			
RESULTADO (Min)	PERCENTILES	VALORACION	PUNTAJE
>9.46	<P10	DEFICIENTE	1
9.46 y 9.08	≥P10 y <P25	BAJA	2
9.07 y 8.31	≥P25 y <P50	REGULAR	3
8.30 y 7.24	≥P50 y <P75	BUENO	4
7.23 y 6.18	≥P75 y <P90	ALTO	5
≤ 6.17	≥ P90	EXCELENTE	6
Valencia Física: Potencia Músculos Extensores de Rodillas Prueba: Salto de Longitud a Pies Juntos			
RESULTADO (Mts)	PERCENTILES	VALORACION	PUNTAJE
<1.35	<P10	DEFICIENTE	1
≥1.35 y 1.44	≥P10 y <P25	BAJA	2
≥1.45 y 1.54	≥P25 y <P50	REGULAR	3
≥1.55 y 1.67	≥P50 y <P75	BUENO	4
≥1.68 y 1.86	≥P75 y <P90	ALTO	5
≥ 1.87	≥ P90	EXCELENTE	6
Valencia Física: Agilidad Prueba: Test De Burpee			
RESULTADO (Rep)	PERCENTILES	VALORACION	PUNTAJE
<4	<P10	DEFICIENTE	1
4	≥P10 y <P25	BAJA	2
5	≥P25 y <P50	REGULAR	3
6	≥P50 y <P75	BUENO	4
7	≥P75 y <P90	ALTO	5
8	≥ P90	EXCELENTE	6
Valencia Física: Velocidad Prueba: 40 Metros Lanzados			
RESULTADO (Seg)	PERCENTILES	VALORACION	PUNTAJE
>7.05	<P10	DEFICIENTE	1
≤7.05 y 6.55	≥P10 y <P25	BAJA	2
≤6.54 y 6.17	≥P25 y <P50	REGULAR	3
≤6.16 y 5.89	≥P50 y <P75	BUENO	4
≤5.88 y 5.49	≥P75 y <P90	ALTO	5
≤ 5.48	≥ P90	EXCELENTE	6
Valencia Física: Flexibilidad Prueba: Flexión de Tronco			
RESULTADO (Cms)	PERCENTILES	VALORACION	PUNTAJE
<30.80	<P10	DEFICIENTE	1
≥30.80 y 34	≥P10 y <P25	BAJA	2
≥35 y 38	≥P25 y <P50	REGULAR	3
≥39 y 43	≥P50 y <P75	BUENO	4
≥43.5 y 45	≥P75 y <P90	ALTO	5
≥ 46	≥ P90	EXCELENTE	6

Fuente: Base de Datos de la Investigación

Cuadro Nro. 5
Criterios para la Valoración del Rendimiento Físico General Masculino

RESULTADO (Punt.)	PERCENTILES	VALORACION
<14	<P25	DEFICIENTE
≥14 y <18	≥P25 y <P50	BAJA
≥18 y <20	≥P50 y <P75	REGULAR
≥20 y <22	≥P75 y <P90	BUENO
≥22 y <23	≥P90 y < P95	ALTO
≥23	≥ P95	EXCELENTE

Cuadro Nro. 6
Criterios para la Valoración del Rendimiento Físico General Femenino

RESULTADO (Punt.)	PERCENTILES	VALORACION
<16.5	<P25	DEFICIENTE
≥16.5 y <18	≥P25 y <P50	BAJA
≥18 y <20.75	≥P50 y <P75	REGULAR
≥20.75 y <23	≥P75 y <P90	BUENO
≥23 y <25	≥P90 y < P95	ALTO
≥25	≥ P95	EXCELENTE

Fuente: Base de Datos de la Investigación

En relación con los cuadros anteriores es necesario ilustrar que el resultado obtenido por cada uno de los atletas fue ubicado en la columna correspondiente para cada valencia física en atención al sexo, el cual se corresponde con un determinado percentil y la valoración respectiva que a su vez acreditaba un puntaje al atleta.

Asimismo, para la utilización de los criterios expresados en los cuadros Nros. 5 y 6, a los fines de lograr un indicador del rendimiento físico general de los deportistas, se realizó la sumatoria de los puntajes obtenidos por éstos en cada una de las cinco (5) pruebas para medir igual número de valencias físicas.

Niveles de Rendimiento de los Atletas Unergistas

Para realizar los análisis respectivos de la variable valoración del rendimiento físico general de los atletas por disciplina deportiva y por sexo, se consideraron las medias aritméticas para cada grupo y su eventual dispersión por medio de la desviación típica, así como el percentil en que se ubica el mismo.

Valoración del Rendimiento Físico General (Sexo Femenino)

En relación con la disciplina deportiva Tae Kwon Do, se aprecia en el gráfico Nro. 3 que a pesar de la tendencia de rendimiento favorable (Alto, bueno) mostrada por un 50% de las atletas evaluadas, con base en la media = 16.60, es pertinente reorientar la preparación física del 50% restante, teniendo como norte mejorar en un 65 %, lo cual permitiría ubicar a la gran mayoría en el percentil 90 de las normas elaboradas.

Gráfico Nro. 3
Valoración del Rendimiento Físico General Tae Kwon Do Femenino

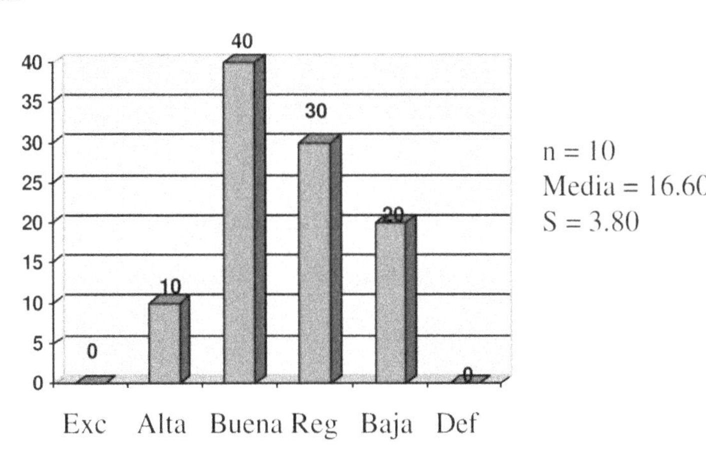

Fuente: Base de datos de la Investigación

En el caso de la disciplina Kárate, si bien es cierto que un 75% tiene un rendimiento satisfactorio, no es menos cierto que en comparación con el Tae Kwon Do (10 atletas), solo presentaron las pruebas físicas 4 atletas. Además, en razón del promedio, cercano a 20 ptos. El 25% de la preselección debe incrementar o reformular su preparación física.

Gráfico Nro. 4
Valoración del Rendimiento Físico General Kárate Femenino

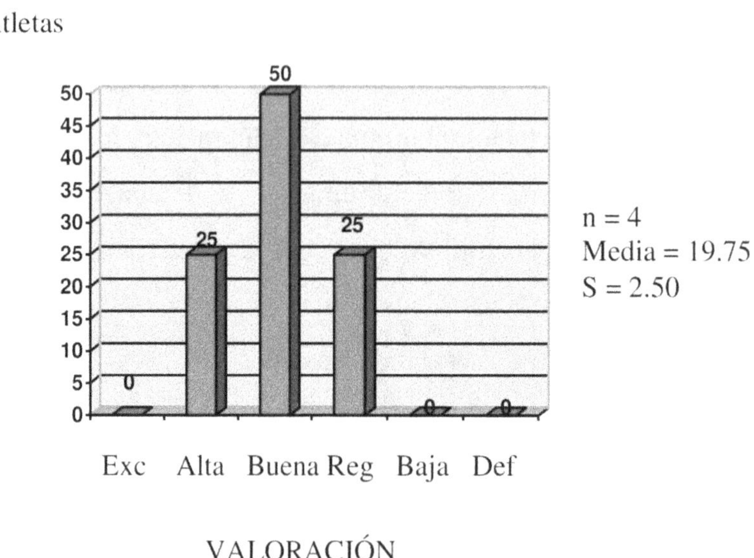

Fuente: Base de datos de la Investigación

También la disciplina deportiva atletismo, demostró en las pruebas niveles aceptables y similares al Kárate en su rendimiento físico general con un 50% de atletas con rendimiento alto y un promedio (21,25 puntos) ubicado por encima del percentil 75. Sin embargo, resulta válida la misma observación realizada para el Kárate en el sentido de la poca cantidad de deportistas evaluadas, a pesar de tratarse de una preselección (ver gráfico Nro. 5).

Gráfico Nro. 5
Valoración del Rendimiento Físico General Atletismo Femenino

% Atletas

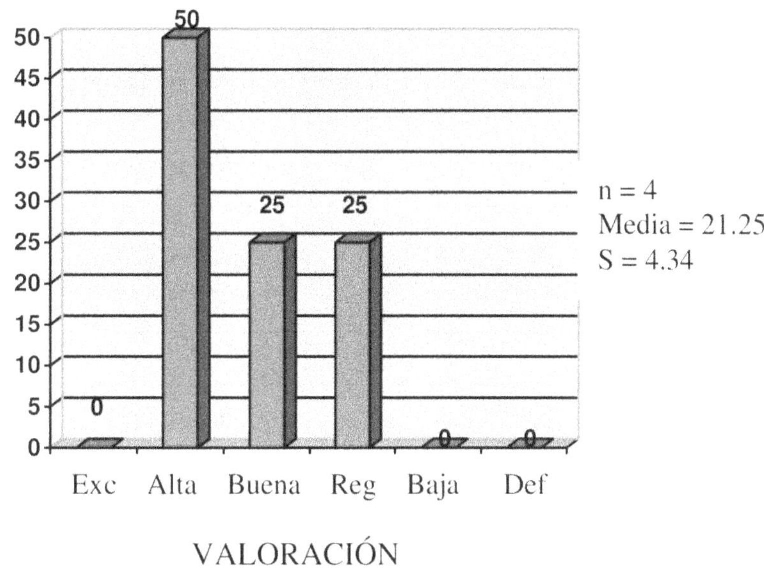

Fuente: Base de datos de la Investigación

Valoración del Rendimiento Físico General (Sexo Masculino)

Al evaluar el rendimiento físico general de los atletas del voleibol masculino, destaca que el 92% demostró un nivel satisfactorio de rendimiento (alto y bueno), corroborado por el hecho que el promedio (20.38 ptos) se ubica alrededor del percentil 75.

Por otra parte, al apreciar el valor de la media aritmética 20.30 ptos conjuntamente con la desviación típica de 2.14 evidencia la homogeneidad en la variable rendimiento físico de la preselección de voleibol masculino (ver gráfico Nro. 6)

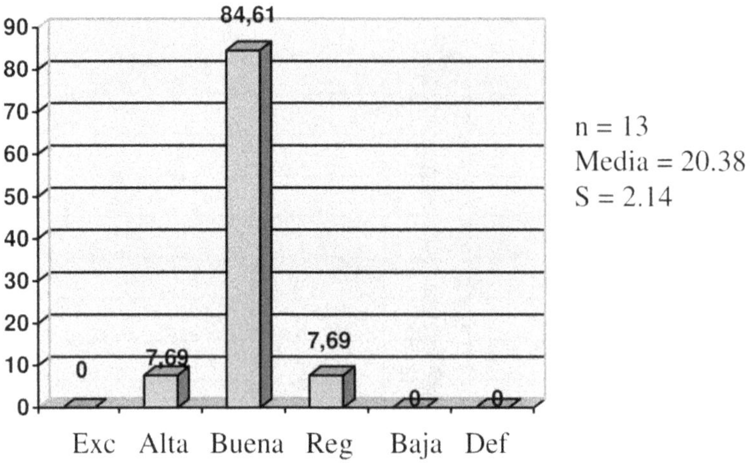

Fuente: Base de datos de la Investigación

Al estudiar los datos de la valoración del rendimiento físico en los atletas de la disciplina deportiva Tae Kwon Do, se observa que aproximadamente un 17% obtuvo resultados poco satisfactorios (regulares y deficientes). No obstante, un importante 83.33% logró un rendimiento favorable (alto y bueno), además del promedio igual a 18.42 que se sitúa por encima del 50 percentil, por lo que las metas de la preparación física deben orientarse a mejorar el rendimiento en un 40%. (ver Gráfico Nro. 7)

Asimismo, resulta prudente formular de manera perentoria los planes remediales de trabajo dirigidos a incrementar las condiciones físicas generales del grupo que obtuvo niveles deficientes.

Gráfico Nro. 7
Valoración del Rendimiento Físico General Tae Kwon Do Masculino

% Atletas

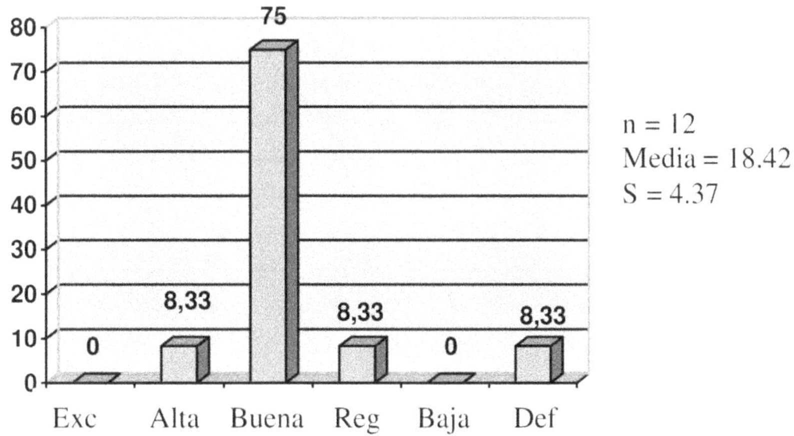

VALORACIÓN

Fuente: Base de datos de la Investigación

De los datos arrojados por la disciplina Rugby, se desprende que un 70% aproximadamente, mostró un rendimiento físico general poco satisfactorio (regular y bajo).

Igualmente destaca el hecho que el promedio del grupo (15.58) se ubicó apenas un poco por encima del 25 percentil, por lo que resulta inminente la reorientación del trabajo físico, teniendo como meta mejorar las condiciones físicas generales en un 65%.

También se aprecia que menos de un 30% de los atletas evaluados obtuvo un rendimiento físico satisfactorio (4.16 % alto y 25% bueno) tal como se observa en el Gráfico Nro. 8:

Gráfico Nro. 8
Valoración del Rendimiento Físico General Rugby Masculino

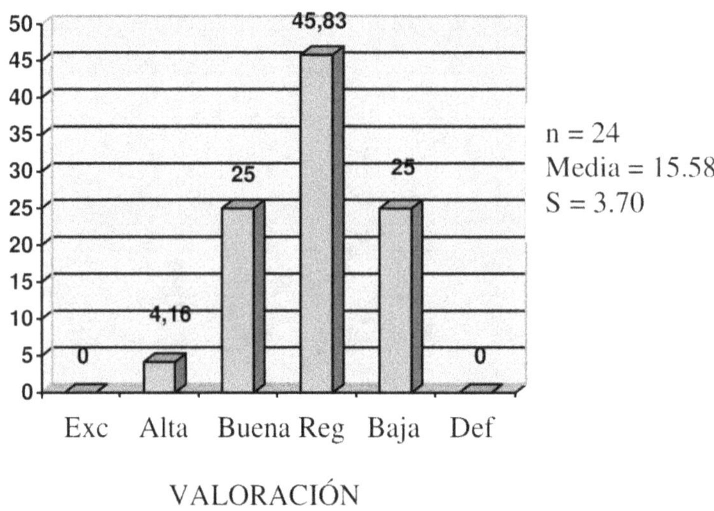

Fuente: Base de datos de la Investigación

Al revisar los resultados obtenidos de la variable valoración de rendimiento físico en los atletas de la disciplina deportiva Softbol, se puede notar que más de la mitad (56.5%) de los atletas evaluados presentó un nivel poco satisfactorio de rendimiento.

Por otra parte, este porcentaje se distribuye en rendimiento regular un 43.47%, bajo un 8.69 y deficiente un 4.34%. Además el promedio logrado por el grupo igual a 15.35 puntos apenas supera el percentil 25, lo cual refleja niveles precarios en el rendimiento por equipo.

En consecuencia, el trabajo físico debe ser necesariamente reprogramado tomando como objetivo, elevar el rendimiento del grupo en un 65% considerando las normas elaboradas.

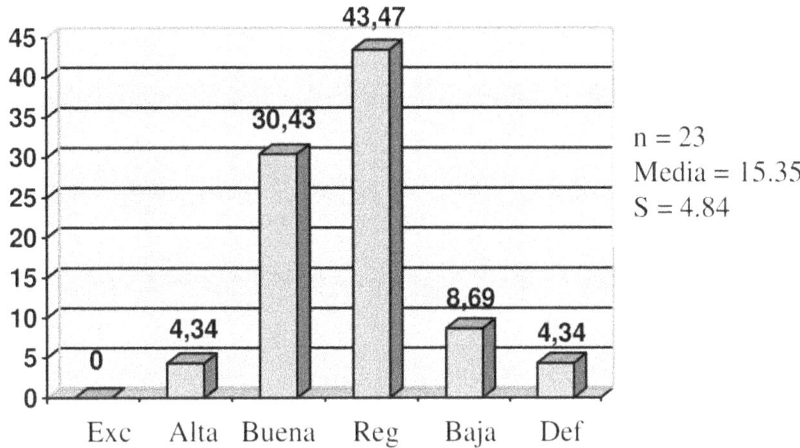

Fuente: Base de datos de la Investigación

Por su lado, el equipo de atletismo, obtuvo un significativo promedio de 22.20 puntos que lo ubican con un rendimiento físico general alto y que supera el percentil 90. (ver Gráfico Nro. 10).

Asimismo, el 100% de los atletas de esta disciplina deportiva, logró un rendimiento satisfactorio (alto = 60% y bueno = 40%).

No obstante, es pertinente señalar, al igual que en otros deportes, presentaron muy pocos atletas (05), tomando en cuenta que se trata de preselecciones que se encontraban en la etapa o período preparatorio general del ciclo de entrenamiento deportivo.

Gráfico Nro. 10
Valoración del Rendimiento Físico General Atletismo Masculino

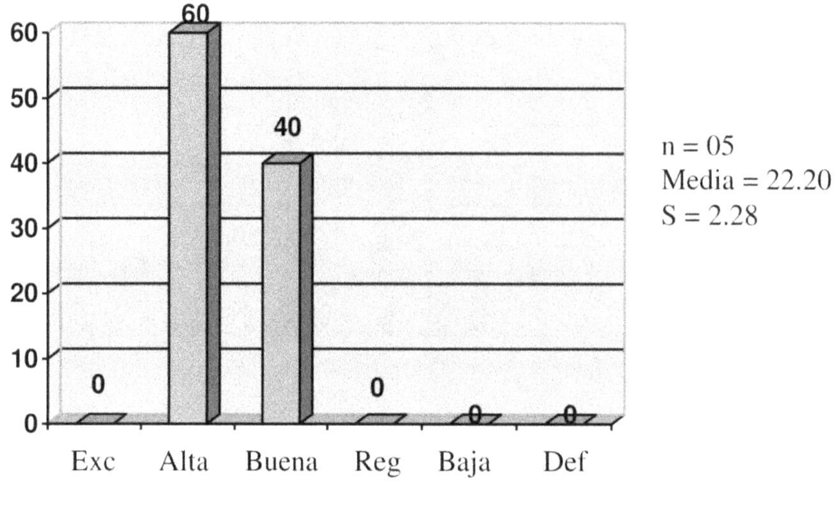

Fuente: Base de datos de la Investigación

Finalmente, el rendimiento físico general del equipo de béisbol se puede apreciar en el Gráfico Nro. 11. En principio, destaca que el 100% de los atletas evaluados, se ubicó en las categorías "alto" (60%) y "bueno" (40%), lo cual revela un rendimiento satisfactorio del grupo.

Sin embargo, el promedio obtenido por la disciplina de 16.11 puntos, se ubica por debajo del 50 percentil y en consecuencia se requiere reformar el entrenamiento físico para tratar de incrementar el rendimiento físico general del grupo en aproximadamente un 45% tomando como referencia las normas elaboradas.

Gráfico Nro. 11
Valoración del Rendimiento Físico General Beisbol Masculino

% Atletas

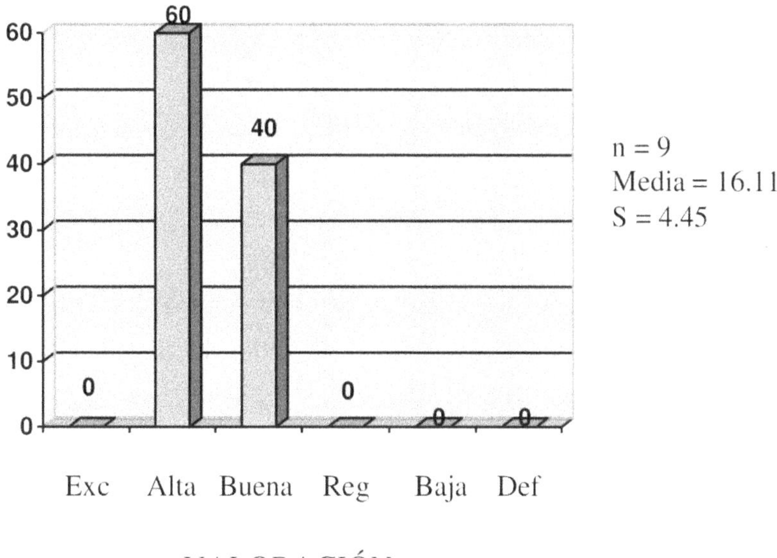

VALORACIÓN

Fuente: Base de datos de la Investigación

En resumen, a partir de la información analizada, se evidencia en la mayoría de las disciplinas deportivas la necesidad que tanto entrenadores, encargados de la preparación física y coordinadores de deporte de rendimiento, estudien en profundidad los datos obtenidos, así como la valoración que de ellos se realiza en esta investigación para la reformulación de las metas de la preparación física.

Resultados de las Pruebas de Hipótesis

Las hipótesis del estudio, fueron sometidas a prueba a través del estadístico Análisis de Varianza de una vía complementada con la información proveniente de la prueba a posteriori de comparación de pares de medias Scheffé.

Hipótesis Nro. 1

No existen diferencias estadísticamente significativas en el rendimiento físico de los atletas en atención a la disciplina deportiva.

Hipótesis Nula:

Ho: $\mu 1 = \mu 2$

Hipótesis de Investigación:

Hi: $\mu 1 \neq \mu 2$

Regla de Decisión

Como el valor de F = 4.46 con un nivel de significación asociado de 0.001, el cual es menor que 0.025 (prueba bilateral 0.05/2) asumido previamente, se rechaza la hipótesis nula arriba enunciada y en consecuencia se puede afirmar que ciertamente existen diferencias estadísticamente significativas en el rendimiento físico de los atletas en atención a la disciplina deportiva.

Asimismo, al verificar el resultado de la prueba Scheffé se obtuvo que las diferencias significativas se presentan entre las disciplinas voleibol y softbol, siendo mayor el rendimiento físico general de los voleibolistas. (Sch = 5.03 con nivel de significación asociado de 0.05).

Hipótesis Nro. 2

No existen diferencias estadísticamente significativas en la resistencia aeróbica de los atletas en atención a la disciplina deportiva.

Hipótesis Nula:

Ho: $\mu 1 = \mu 2$

Hipótesis de Investigación:

Hi: $\mu 1 \neq \mu 2$

Regla de Decisión

Como el valor de F = 11.67 con un nivel de significación asociado de 0.0001, el cual es menor que 0.025 (prueba bilateral 0.05/2) asumido previamente, se rechaza la hipótesis nula arriba enunciada y en consecuencia se puede afirmar que en efecto existen diferencias estadísticamente significativas en la resistencia aeróbica de los atletas en atención a la disciplina deportiva.

Por otra parte, de acuerdo con los resultados de la prueba Scheffé se obtuvo que las diferencias significativas se presentan entre las siguientes disciplinas deportivas:

1. Entre voleibol y rugby (Sch = 1.51 con nivel de significación 0.007) con mayor rendimiento en resistencia para la disciplina voleibol, lo cual puede encontrar justificación en el hecho que la disciplina Rugby se encuentra en proceso de formación, siendo éste, deporte de exhibición en los JUVINES 2007.

2. Entre Tae Kwon Do y Atletismo (Sch = -2.01 con nivel de significación 0.007) y un rendimiento en resistencia aeróbica mayor para el atletismo. No obstante, cabe destacar que las características de ésta disciplina favorecen el rendimiento en pruebas como 1.500 metros, que involucran de manera importante la capacidad aeróbica.

3. Entre Kárate y Atletismo (Sch = -2.53 y un nivel de significación de 0.03) con mayor rendimiento para el atletismo. A pesar de haber presentado la mitad de los atletas que participaron en el atletismo, el kárate se ubicó significativamente por debajo en la variable rendimiento en resistencia aeróbica. Nuevamente, las características propias de la disciplina atletismo marcan la diferencia en tan importante cualidad motriz.

4. Entre el Rugby y el Atletismo (Sch = -3.01 con nivel de significación de 0.0001) y un mayor rendimiento en resistencia aeróbica para el atletismo. El modesto proceso de preparación del equipo de Rugby, debutante en las competencias, así como las particularidades de la disciplina atletismo respecto de pruebas de resistencia, generan la marcada diferencia entre ambas disciplinas en lo referente a la capacidad aeróbica.

5. Entre el Softbol y el Atletismo (Sch = -2.68 con nivel de significación de 0.0001) con evidente mayor rendimiento en resistencia aeróbica de la disciplina atletismo. Constituye la segunda mayor diferencia encontrada después del rugby-atletismo, ratificando los mejores niveles obtenidos por ésta última disciplina en razón de su preparación cardio-respiratoria.

Hipótesis Nro. 3

No existen diferencias estadísticamente significativas en la velocidad de desplazamiento de los atletas en atención a la disciplina deportiva.

Hipótesis Nula:

Ho: $\mu 1 = \mu 2$

Hipótesis de Investigación:

Hi: $\mu 1 \neq \mu 2$

Regla de Decisión

Como el valor de F = 2.44 con un nivel de significación asociado de 0.03, el cual es mayor que 0.025 (prueba bilateral 0.05/2) asumido previamente, no se rechaza la hipótesis nula arriba enunciada y en consecuencia se puede afirmar que en efecto no existen diferencias estadísticamente significativas en la velocidad de desplazamiento de los atletas en atención a la disciplina deportiva.

De esta manera, a pesar de tratarse de una valencia física esencial para algunos deportes como el voleibol (disciplina que se desenvuelve en 81 metros cuadrados para cada equipo), béisbol, softbol y rugby, no se explica que todos los deportes hayan mostrado iguales niveles de velocidad de desplazamiento.

Hipótesis Nro. 4

No existen diferencias estadísticamente significativas en la potencia de los músculos extensores de rodillas de los atletas en atención a la disciplina deportiva.

Hipótesis Nula:

Ho: $\mu 1 = \mu 2$

Hipótesis de Investigación:

Hi: $\mu 1 \neq \mu 2$

Regla de Decisión

Como el valor de F = 1.85 con un nivel de significación asociado de 0.09, el cual es mayor que 0.025 (prueba bilateral 0.05/2) asumido previamente, no se rechaza la hipótesis nula arriba enunciada y en consecuencia se puede afirmar que en efecto no existen diferencias estadísticamente significativas en la potencia de músculos extensores de rodillas de los atletas en atención a la disciplina deportiva.

De los resultados anteriores se desprende, que disciplinas deportivas que exigen importantes niveles de potencia para el salto, verbigracia el voleibol, obtuvieron idénticos resultados a nivel estadístico que conllevan a sugerir una cuidadosa y detallada revisión de las estrategias de la preparación física de esta disciplina deportiva.

Hipótesis Nro. 5

No existen diferencias estadísticamente significativas en la agilidad de los atletas en atención a la disciplina deportiva.

Hipótesis Nula:

Ho: $\mu 1 = \mu 2$

Hipótesis de Investigación:

Hi: $\mu 1 \neq \mu 2$

Regla de Decisión

Como el valor de F = 2.49 con un nivel de significación asociado de 0.02, el cual es menor que 0.025 (prueba bilateral 0.05/2) asumido previamente, se rechaza la hipótesis nula arriba enunciada y en consecuencia se puede afirmar que en efecto existen diferencias estadísticamente significativas en la agilidad de los atletas en atención a la disciplina deportiva.

Por otro lado, por medio de la prueba a posteriori de Scheffé, se determinó que los valores significativos solamente se encontraron para la comparación entre los promedios de Tae Kwon Do y Béisbol (Sch = 1.41 con nivel de significación de 0.02) y mayor rendimiento del mencionado deporte de combate.

Evidentemente, si bien es cierto que tal diferencia se explica por la importancia que la agilidad tiene para los deportes de combate, en términos generales, disciplinas como el kárate requieren una revisión de los métodos utilizados para la preparación de tan esencial cualidad física.

Hipótesis Nro. 6

No existen diferencias estadísticamente significativas en la flexibilidad de los atletas en atención a la disciplina deportiva.

Hipótesis Nula:

Ho: $\mu 1 = \mu 2$

Hipótesis de Investigación:

Hi: $\mu 1 \neq \mu 2$

Regla de Decisión

Como el valor de F = 1.77 con un nivel de significación asociado de 0.11, el cual es mayor que 0.025 (prueba bilateral 0.05/2) asumido previamente, no se rechaza la hipótesis nula arriba enunciada y en consecuencia se puede afirmar que en efecto no existen diferencias estadísticamente significativas en la flexibilidad de los atletas en atención a la disciplina deportiva.

A partir de éste resultado, es necesario acotar que aún cuando la valencia física flexibilidad posee carácter general y determinante en el desarrollo de las cualidades específicas de algunos deportes, no se explica la igualdad en el rendimiento entre disciplinas deportivas que la requieren de manera especial, verbigracia el Tae Kwon Do y el Kárate, con deportes de conjunto como el softbol, béisbol, rugby entre otros.

CAPÍTULO V

CONCLUSIONES Y RECOMENDACIONES

Luego de finalizar el estudio referente a la evaluación del rendimiento físico de los atletas unergistas preseleccionados para participar en los JUVINES 2007, resulta pertinente formular las siguientes afirmaciones:

Conclusiones

1. El rendimiento físico de las atletas de las disciplinas Kárate y Atletismo, en términos generales se ubica en niveles satisfactorios en comparación con las atletas de Tae Kwon Do, deporte en el que 50% de las evaluadas mostró niveles desfavorables de condición física. No obstante el número de participantes en las pruebas para el kárate y atletismo fue muy reducido (4 atletas por disciplina) considerando el hecho que se trataba de preselecciones durante el período preparatorio general.

2. En relación con los resultados de la evaluación de los atletas, destaca que disciplinas deportivas de conjunto como el rubgy, softbol y béisbol mostraron un rendimiento físico general poco satisfactorio al ubicarse por debajo de percentil 50 de las normas elaboradas.

Por el contrario, deportes como el voleibol, atletismo y Tae Kwon Do obtuvieron un rendimiento físico general satisfactorio, tanto en el porcentaje de atletas con niveles altos y buenos, como en los percentiles alcanzados por disciplina (superiores al 50 percentil).

3. Al verificar la inexistencia de un sistema para evaluar el rendimiento físico de los atletas de la Universidad Rómulo Gallegos, se procedió a diseñar un procedimiento y normas para tal fin, construidas a partir de los resultados de las pruebas físicas realizadas a los atletas preseleccionados para participar en los JUVINES 2007.

Sin embargo, se trata de normas elaboradas en atención al sexo para el período preparatorio general, pero que no permiten la evaluación de los atletas ajustándose a cada disciplina deportiva.

4. En cuanto a los resultados de las pruebas de hipótesis, se pudo establecer las diferencias en el rendimiento físico de los atletas evaluados en razón de la disciplina deportiva.

No obstante, al aplicar la prueba a posteriori de comparación de pares de promedios, se determinó la existencia de diferencias estadísticamente significativas entre las disciplinas softbol y voleibol.

Asimismo, en relación con la resistencia aeróbica medida a través de la prueba de 1500 metros planos, se apreciaron diferencias estadísticamente significativas y a través de las comparaciones post-hoc, se determinó que tales diferencias se daban entre las disciplinas deportivas voleibol y rugby, así como del atletismo respecto al Tae Kwon Do, Kárate, Rugby y Softbol.

También en la valencia física agilidad, medida a través del Test de Burpee, se verificaron diferencias estadísticamente significativas en atención a la disciplina deportiva, mientras que tales diferencias se comprobaron entre el Tae Kwon Do y el Béisbol.

Finalmente, de los datos obtenidos en las valencias físicas velocidad de desplazamiento, potencia de músculos extensores de rodillas y flexibilidad, medidas por medio de las pruebas de 40 metros lanzados, salto de longitud a pies juntos y flexión de tronco respectivamente, no se pudo encontrar diferencias estadísticas al nivel 0.05 para una prueba bilateral.

De igual forma, en consideración de los resultados analizados y las conclusiones antes formuladas, se exponen a continuación las siguientes:

Recomendaciones

1. Realizar una evaluación integral del proceso de entrenamiento coordinada por la Dirección de Deportes de la Universidad, tomando como punto de partida los resultados de esta investigación, dirigidas a reformular en términos perentorios las estrategias de la preparación física de los atletas preseleccionados.

2. Utilizar los procedimientos y normas diseñadas para la evaluación del rendimiento físico de los atletas y además elaborar una propuesta para la construcción de un sistema de valoración de rendimiento físico para cada disciplina deportiva y atendiendo a la periodización del entrenamiento deportivo.

3. Considerar los resultados obtenidos de las pruebas de hipótesis realizadas para complementar la evaluación del rendimiento físico general, así como de las diferentes cualidades motrices medidas a través de las pruebas físicas seleccionadas.

4. Divulgar los resultados del presente estudio, a través de talleres, conferencias, seminarios y otras estrategias para resaltar la importancia del entrenamiento físico y su evaluación como aspecto esencial para obtener rendimientos óptimos en las competencias deportivas.

5. Proponer a la Dirección de Deportes de la Universidad Rómulo Gallegos, la diversificación de la evaluación de los atletas, atendiendo a variables de interés como la composición corporal, estado nutricional, pruebas funcionales, entre otros.

MATERIALES DE REFERENCIA

Alexander, P. (1995). *Aptitud Física, Características Morfológicas y Composición Corporal*. Caracas: Instituto Nacional de Deportes.

Alvarado, R. (2002). *Manual para Aplicación de Baterías de Tests*. [Documento en Línea]. Disponible: http://www.entrenadores.info.com. [Consulta: 2006, Octubre 20]

Arias, F. (2004). *El Proyecto de Investigación*. Caracas: Editorial Episteme.

Barrios, J., y Ranzola, A. (1995). *Manual para el Deporte de Iniciación y Desarrollo*. Caracas: Instituto Nacional de Deportes.

Cárdenas, A. (2005). Modelación del sistema de entrenamiento del Atletismo basado en la aplicación de los eventos múltiples para los atletas de la Universidad de Holguín. Revista Digital Lecturas en Educación Física y Deportes, 10, 84 [Revista en Línea]. Disponible: http/www.efdeportes.com [Consulta: 2006, Noviembre 25]

Clemente Ventura, J. (1994). *SPSS/PC para Dos*. Caracas: Ediciones Universidad Pedagógica Experimental Libertador.

Constitución de la República Bolivariana de Venezuela. (1999). *Gaceta Oficial*, Extraordinario 36.860, Diciembre 30 de 1999.

Curcio, C. (2002). *Investigación Cuantitativa*. Bogotá: Editorial Kinesis.

Diez, F., y Becerra, F. (1981). *Medición y Evaluación de la Educación Física y el Deporte*. Caracas: Inversora Copy.

Eccher, C. (2002). Preparación Física, Mental y Emocional para el Tenis [Documento en Línea]. Disponible: http://www.yogaintegral biz/celina.html [Consulta: 2006, Diciembre 20].

Etxeberria, J., Joaristi, L., y Lizasoain, L. (1990). *Programación y Análisis Estadísticos Básicos con SPSS/PC+*. Madrid: Editorial Paraninfo

Ferrán Aranaz, M. (1996). *SPSS para Windows*. Madrid: Editorial Mc Graw Hill.

Harre, D. (1989). *Teoría del Entrenamiento Deportivo*. La Habana: Editorial Científico-Técnica:

Hechevarria, O., Mayo, M., y Leiva, J. (2001). *Variación de Algunos indicadores físicos, en Baloncestistas sometidos a entrenamiento durante la etapa de preparación física general de la categoría 12-13 años de la EIDE de Las Tunas*. Revista Digital Lecturas en Educación Física y Deportes, 8,58 [Revista en Línea]. Disponible: http/www.efdeportes.com [Consulta: 2006, Octubre 20]

Hernández, R., Fernández, C., y Baptista, P. (1991). *Metodología de la Investigación*. México: Editorial Mc Graw Hill.

Hoeger, B. (1992). *Educación Física de Base*. Mérida: Consejo de Publicaciones de la Universidad de los Andes.

Konovalova, E. (2004). Acerca de la construcción del Proceso de Entrenamiento en corredores de distancias medias y largas. [Revista en Línea] http://www.corpus2000.univalle.edu.com. ediciones.html [Consulta: 2007, Enero 15]

Ley del Deporte. (1995). *Gaceta Oficial de la República de Venezuela*, Extraordinario 4.937, Julio 14 de 1995.

Ley de Universidades. (1970). *Gaceta Oficial de la República de Venezuela*, Extraordinario 1.429, Septiembre 08 de 1970

Litwin, J., y Fernández., J. (1977). *Medidas, Evaluación y Estadísticas aplicadas a la Educación Física y el Deporte*. Buenos Aires: Editorial Stadium.

Lopategui, E. (2000). *Entrenamiento Deportivo: Distribución y Periodización Anual del Entrenamiento* [Documento en Línea]. Disponible: http://www.saludmed.com/CsEjerci/FisioEje/Entr-Cic.html

Martínez López, E. (2003). *La Flexibilidad. Pruebas aplicables en educación secundaria*. Revista Digital Lecturas en Educación Física y Deportes, 8,58 [Revista en Línea]. Disponible: http/www.efdeportes.com [Consulta: 2007, Enero 08]

Martínez López, E. (2003). *Aplicación de la prueba de lanzamiento de balón medicinal, abdominales superiores y salto horizontal a pies juntos. Resultados y análisis estadístico en educación secundaria.* Revista Internacional de Medicina y Ciencias de la Actividad Física y el Deporte. [Revista en Línea]. Disponible: http/www. cdeporte.rediris.es/revista.com . [Consulta: 2006: Diciembre 15].

Mateo, J. (1998). *Los Tests Fisicos para Valorar la Resistencia.* Revista Digital Lecturas en Educación Física y Deportes, 3,12 [Revista en Línea]. Disponible: http/www.efdeportes.com [Consulta: 2006, Julio 08]

Matvéev, L. (1983). *Fundamentos del Entrenamiento Deportivo.* Moscú: Editorial Ráduga.

Montoya, C. (2005). *Valoración de la eficiencia cardiovascular del equipo de Fútbol femenino de la Universidad de los Andes en Mérida.* Revista Digital Lecturas en Educación Física y Deportes, 10, 90 [Revista e n Línea]. Disponible: http/www.efdeportes.com [Consulta: 2006, Junio 28].

Moral, L. (2000). La Preparación Física en las categorías inferiores de Baloncesto. [Documento en Línea]. Disponible: http://www. basketjavier.com [Consulta: 2007, Enero 20]

Ormazabal, C. (Entrevistadora) (2005, Octubre 3).*Entrevista al Preparador Físico Manuel Astorga.* [Trascripción en Línea]. Buenos Aires: http://www.asciende.cl/curso_ps_deporte_workshop_astorga1.htm. [Consulta: 2006, Octubre 20].

Palella, S., y Martins, F. (2004). *Metodología de la Investigación* Cuantitativa. Caracas: Fedeupel

Pila Teleña, A. (1981). *Preparación Física, Primer Nivel.* Madrid: Editorial Augusto Pila Teleña.

Pila Teleña, A. (1981). *Preparación Física, Segundo Nivel.* Madrid: Editorial Augusto Pila Teleña.

Procopio, M. (2006). *Curso de Musculación Deportiva.* [Libro en Línea] Disponible: http://www.portalfitness.com. [Consulta 2007, Enero 03]

Rivera, M. (1999). *La Preparación Física de Jóvenes Futbolistas.* [Revista en Línea] http://www.corpus2000.univalle.edu.com. ediciones.html [Consulta: 2006, Septiembre 21]

Rodríguez, P., Yuste, J., y Canteras. M. (2002). *Fiabilidad intra e interexploradores y validez de pruebas de evaluación de la coordinación neuromotriz en escolares.* [Documento en Línea]. Disponible: http://www.um.es/univefd/fiabilidad.pdf

Romero. A. (1986). *Algunas Precisiones Teórico-Metodológicas sobre las Variables y las Muestras.* Trabajo de Ascenso no publicado para la Categoría Docente Asistente. Universidad Rómulo Gallegos.

Sánchez López, J. (2007). *Entrenamiento de la fuerza resistencia mediante la carrera en cuesta, durante 6 semanas para el rendimiento de la carrera de 5.000 metros en 5 atletas de la Universidad de Antioquia.* Revista Digital Lecturas en Educación Física y Deportes, 11,106 [Revista en Línea]. Disponible: http/www.efdeportes.com [Consulta: 2007, Marzo 07]

Telama, R., Nupponen, H., y Holopainen, S. (1982). *Tests para Evaluar la Forma Física.* Bélgica: Consejo Europeo para el Desarrollo del Deporte.

Valera Ibarra, R. (2004). *Contraste de Hipótesis en Análisis Estadísticos Aplicados a la Investigación.* Maracay: Impreupel.

Vargas, R. (1980). *La Preparación Física en Voleibol.* Madrid: Editorial Augusto Pila Teleña.

FEDERACION VENEZOLANA DEPORTIVA DE EDUCACION SUPERIOR
COMISION TECNICA NACIONAL

CUADRO OFICIAL DE RESULTADOS

INSTITUCION	AJD		ATL		BAL		BEI		ESG		FUT		FTE		GRD		AJD		KTD		KNB		LPO		LUC		KAT		POA		SOF		THD		TEN		TOM		VOL		VOA		SUB TOTAL		TOTAL
	M	F	M	F	M	F	M	F	M	F	M	F	M	F	M	F	M	F	M	F	M	F	M	F	M	F	M	F	M	F	M	F	M	F	M	F	M	F	M	F	M	F	M	F	TOTAL
UC																																											312	248	560
CUAM																																											268	218	486
ULA																																											199	170	369
UCV																																											158	188	346
UCLA																																											157	148	305
UDO																																											126	75	201
UPEL																																											107	80	187
LUZ																																											96	29	125
UNELLEZ																																											71	9	80
UNEXPO																																											42	4	46
UNIMET																																											34	2	36
USB																																											17	11	28
USM																																											13	8	21
UNESR																																											15	5	20
IUETAEB																																											16	2	18
UNEFM																																											8	4	12
CUC																																											0	7	7
UFT																																											4	2	6
UCAB																																											1	4	5
UNET																																											2	1	3
UNEG																																											3	0	3
UNERMB																																											1	0	1
UNEY																																											0	1	1
UNERG																																											0	0	0
IUPSM																																											0	0	0
UNY																																											0	0	0
UNESUR																																											0	0	0

Anexo Nro. 2
Base de Datos de la Investigación

Cod	Res	Agi	Pot	Vel	Fle	Dep	Vre	Vag	Vpo	Vve	Vfl	Rfi	Val	Sex
1	5.46	7	2.24	4.28	.	1	6	4	4	6	.	.	.	1
2	5.54	7	2.25	4.84	.	1	5	4	4	3	.	.	.	1
3	5.56	6	2.57	4.72	.	1	5	3	6	3	.	.	.	1
4	5.59	7	.	4.66	.	2	5	4	.	4	.	.	.	1
5	6.18	8	.	4.75	.	2	5	5	.	3	.	.	.	1
6	6.21	7	.	4.84	.	2	4	4	.	3	.	.	.	1
7	6.29	7	2.40	4.38	.	1	4	4	6	6	.	.	.	1
8	6.50	8	.	5.03	.	2	4	5	.	2	.	.	.	1
9	6.51	7	.	5.35	.	2	4	4	.	1	.	.	.	1
10	6.57	6	.	4.62	.	2	4	3	.	4	.	.	.	1
11	7.12	6	.	4.62	.	2	3	3	.	4	.	.	.	1
12	7.26	7	.	5.40	.	2	3	4	.	1	.	.	.	1
13	7.37	7	2.05	5.82	.	1	3	4	3	1	.	.	.	1
14	7.55	8	.	4.96	.	2	3	5	.	2	.	.	.	1
15	5.47	7	2.35	4.55	31.0	3	6	4	5	4	3	22	4	1
16	6.40	6	2.34	4.37	34.0	3	4	3	5	6	4	22	4	1
17	6.10	6	2.05	4.63	24.0	3	5	3	3	4	2	17	3	1
18	5.57	7	2.51	4.29	33.0	3	5	4	6	6	4	25	5	1
19	6.18	6	2.40	4.57	35.5	3	5	3	6	4	4	22	4	1
20	6.25	7	2.25	4.66	35.0	3	4	4	4	4	4	20	4	1
21	6.26	5	2.28	4.76	38.0	3	4	2	5	3	5	19	4	1
22	7.07	7	2.27	4.64	39.0	3	3	4	4	4	5	20	4	1
23	6.21	6	2.32	4.46	30.0	3	4	3	5	5	3	20	4	1
24	7.12	7	2.28	4.84	32.0	3	3	4	5	3	4	19	4	1
25	6.21	7	2.13	4.49	20.0	3	4	4	3	5	2	18	4	1
26	5.47	10	2.33	4.88	27.5	4	6	6	5	3	3	23	5	1
27	6.08	8	2.20	4.94	35.0	4	5	5	4	2	4	20	4	1
28	6.11	7	2.03	4.94	34.5	4	5	4	3	2	4	18	4	1
29	6.01	8	1.95	5.40	37.0	4	5	5	2	1	5	18	4	1
30	10.06	5	1.81	6.77	19.0	4	1	2	1	1	2	7	1	1
31	6.14	8	2.15	5.00	45.0	4	5	5	4	2	6	22	4	1
32	6.58	8	2.13	4.82	37.0	4	4	5	3	3	5	20	4	1
33	7.33	9	2.25	4.96	47.0	4	3	6	4	2	6	21	4	1
34	7.20	8	1.87	4.17	32.0	4	3	5	2	6	4	20	4	1
35	7.27	7	1.98	4.99	35.0	5	3	4	2	2	4	15	3	1
36	6.33	6	2.39	4.53	33.0	5	4	3	5	5	4	21	4	1
37	8.22	7	2.10	5.88	40.5	5	2	4	3	1	5	15	3	1
38	7.30	6	1.92	5.63	33.0	4	3	3	2	1	4	13	3	1
39	5.55	7	2.42	5.37	28.5	4	5	4	6	1	3	19	4	1
40	7.52	6	1.91	4.87	38.0	6	3	3	2	3	5	16	3	1
41	7.21	6	2.24	4.43	36.5	6	3	3	4	5	4	19	4	1
42	6.51	7	2.11	4.59	29.0	6	4	4	3	4	3	18	4	1
43	6.42	6	2.00	5.18	31.0	6	4	3	3	1	3	14	3	1
44	7.53	6	2.15	4.43	30.0	6	3	3	4	5	3	18	4	1
45	8.04	7	2.25	4.87	26.0	6	3	4	4	3	2	16	3	1

Anexo Nro. 2
Base de Datos de la Investigación
(cont.)

Cod	Res	Agi	Pot	Vel	Fle	Dep	Vre	Vag	Vpo	Vve	Vfl	Rfi	Val	Sex
46	8.08	7	2.18	4.97	19.0	6	2	4	4	2	2	14	3	1
47	6.42	6	2.32	4.57	43.0	6	4	3	5	4	6	22	4	1
48	8.15	6	1.76	5.60	18.0	6	2	3	1	1	1	8	2	1
49	8.18	6	1.71	5.48	32.5	6	2	3	1	1	4	11	2	1
50	8.15	7	1.99	4.76	34.0	6	2	4	3	3	4	16	3	1
51	9.20	7	2.02	5.27	47.0	6	1	4	3	1	6	15	3	1
52	8.17	7	2.13	4.85	29.0	6	2	4	3	3	3	15	3	1
53	6.36	9	2.18	4.34	29.0	6	4	6	4	6	3	23	5	1
54	8.18	7	1.89	5.48	31.0	6	2	4	2	1	3	12	2	1
55	8.54	6	2.16	5.57	27.0	6	1	3	4	1	2	11	2	1
56	8.17	7	2.54	4.75	42.0	6	2	4	6	3	6	21	4	1
57	8.47	6	2.14	4.72	22.0	6	1	3	4	3	2	13	3	1
58	8.15	7	2.29	5.27	40.5	6	2	4	5	1	5	17	3	1
59	8.15	8	2.16	5.02	42.0	6	2	5	4	2	6	19	4	1
60	8.14	7	1.97	5.39	29.0	6	2	4	2	1	3	12	2	1
61	8.14	6	2.23	4.83	38.0	6	2	3	4	3	5	17	3	1
62	7.21	6	2.39	5.14	29.0	6	3	3	5	1	3	15	3	1
63	6.12	7	2.22	4.96	30.0	7	5	4	4	2	3	18	4	1
64	6.06	5	2.09	4.77	28.0	7	5	2	3	3	3	16	3	1
65	10.28	5	1.35	5.56	11.0	7	1	2	1	1	1	6	1	1
66	10.24	4	1.82	5.29	13.0	7	1	1	2	1	1	6	1	1
67	8.40	7	2.31	4.83	39.5	7	2	4	5	3	5	19	4	1
68	8.18	8	2.07	4.73	27.5	7	2	5	3	3	3	16	3	1
69	8.25	9	2.32	5.34	29.0	7	2	6	5	1	3	17	3	1
70	7.56	6	2.23	4.91	31.0	7	3	3	4	2	3	15	3	1
71	7.12	5	2.00	5.05	13.0	7	3	2	3	2	1	11	2	1
72	6.43	8	2.00	4.63	17.0	7	4	5	3	4	1	17	3	1
73	.	5	1.86	5.34	10.0	7	.	2	2	1	1	6	1	1
74	8.15	8	2.10	5.09	45.5	7	2	5	3	2	6	18	4	1
75	6.23	8	2.39	5.06	30.0	7	4	5	5	2	3	19	4	1
76	6.55	8	2.18	4.72	37.0	7	4	5	4	3	5	21	4	1
77	6.57	7	2.07	5.07	16.0	7	4	4	3	2	1	14	3	1
78	6.59	7	1.82	6.10	31.0	7	4	4	2	1	3	14	3	1
79	5.45	8	2.80	4.63	38.0	7	6	5	6	4	5	26	5	1
80	7.48	6	2.04	4.90	25.0	7	3	3	3	2	2	13	3	1
81	8.48	7	1.84	5.59	35.0	7	1	4	2	1	4	12	2	1
82	6.23	7	2.19	4.75	30.0	7	4	4	4	3	3	18	4	1
83	7.16	7	1.94	5.63	39.0	7	3	4	2	1	5	15	3	1
84	8.24	8	2.05	5.11	37.0	7	2	5	3	2	5	17	3	1
85	7.45	7	2.17	4.66	32.5	7	3	4	4	4	4	19	4	1
86	7.00	6	2.02	5.42	23.0	6	3	3	3	1	2	12	2	1
87	4.57	7	2.28	4.72	37.0	8	6	4	5	3	5	23	5	1
88	6.29	9	1.94	5.27	36.0	2	4	6	2	1	4	17	3	1
89	6.20	7	2.31	4.99	30.0	3	5	4	5	2	3	19	4	1
90	6.12	6	2.41	4.93	45.0	3	5	3	6	2	6	22	4	1

Anexo Nro. 2
Base de Datos de la Investigación
(cont.)

Cod	Res	Agi	Pot	Vel	Fle	Dep	Vre	Vag	Vpo	Vve	Vfl	Rfi	Val	Sex
91	7.17	8	2.06	4.72	40.0	4	3	5	3	3	5	20	4	1
92	7.09	8	2.42	5.09	20.0	10	3	5	6	2	2	18	4	1
93	4.35	7	2.12	4.64	25.0	8	6	4	3	4	2	19	4	1
94	4.34	8	2.02	5.30	44.0	8	6	5	3	1	6	21	4	1
95	4.24	8	2.18	4.76	40.0	8	6	5	4	3	5	23	5	1
96	4.24	7	2.32	4.45	40.5	8	6	4	5	5	5	25	5	1
97	6.57	.	.	.	.	8	4	.	.	.	.	.	.	1
98	4.56	.	.	.	.	8	6	.	.	.	.	.	.	1
99	5.04	.	.	.	.	8	6	.	.	.	.	.	.	1
100	6.38	5	2.23	5.07	27.0	9	4	2	4	2	2	14	3	1
101	8.59	4	2.10	5.06	33.0	9	1	1	3	2	4	11	2	1
102	7.49	6	2.08	5.15	35.5	9	3	3	3	1	4	14	3	1
103	9.36	5	2.13	4.86	26.0	9	1	2	3	3	2	11	2	1
104	6.33	7	2.40	4.54	41.5	9	4	4	6	4	5	23	5	1
105	7.36	8	2.42	4.30	7.0	9	3	5	6	6	1	21	4	1
106	7.33	7	1.82	4.97	27.5	9	3	4	2	2	3	15	3	1
107	9.30	.	1.82	5.42	30.0	9	1	.	2	1	3	.	.	1
108	6.33	7	2.24	4.50	32.0	9	4	4	4	5	4	21	4	1
109	7.30	5	2.16	5.07	33.0	9	3	2	4	2	4	15	3	1
110	.	7	1.85	5.04	24.0	9	.	4	2	2	2	.	.	1
111	.	8	2.08	4.84	19.0	9	.	5	3	3	2	.	.	1
112	.	6	2.23	.	40.0	9	.	3	4	.	5	.	.	1
113	6.38	7	1.98	6.15	.	1	5	5	6	4	.	.	.	2
114	7.23	6	1.70	6.24	.	1	5	4	5	3	.	.	.	2
115	7.41	6	1.61	5.89	.	1	4	4	4	4	.	.	.	2
116	7.13	7	.	6.40	.	2	5	5	.	3	.	.	.	2
117	8.21	6	1.55	6.22	33.5	4	4	4	4	3	2	17	3	2
118	8.44	6	1.45	6.07	43.0	4	3	4	3	4	4	18	4	2
119	8.30	7	1.54	6.54	41.5	4	4	5	3	3	4	19	4	2
120	8.30	7	1.37	5.63	43.0	4	4	5	2	5	4	20	4	2
121	8.44	7	1.50	6.56	35.5	4	3	5	3	2	3	15	3	2
122	9.03	7	1.79	6.00	46.0	4	3	5	5	4	6	23	5	2
123	9.07	7	1.51	7.18	29.0	4	3	5	3	1	1	13	3	2
124	13.30	6	.	8.81	50.0	4	1	4	.	1	6	12	2	2
125	9.18	7	1.65	5.88	39.0	5	2	5	4	5	4	20	4	2
126	7.44	6	1.88	5.42	36.5	5	4	4	6	6	3	23	5	2
127	9.45	7	1.38	6.17	45.0	5	2	5	2	3	5	17	3	2
128	9.48	7	1.61	6.45	46.0	5	1	5	4	3	6	19	4	2
129	9.18	6	1.26	6.65	31.0	4	2	4	1	2	2	11	2	2
130	6.55	4	1.46	6.06	39.0	8	5	2	3	4	4	18	4	2
131	8.35	9	1.55	6.09	35.0	4	3	6	4	4	3	18	4	2
132	6.03	8	1.64	5.33	36.5	8	6	6	4	6	3	25	5	2
133	7.27	8	1.35	6.76	36.5	8	4	6	2	2	3	17	3	2
134	5.45	7	1.75	5.66	42.5	8	6	5	5	5	4	25	5	2
135	7.44	.	.	.	.	8	4	.	.	.	.	.	.	2

Anexo Nro. 2
Base de Datos de la Investigación
(cont.)

Leyenda:

Cod = Código

Res = Resistencia Aeróbica

Agi = Agilidad

Pot = Potencia

Vel = Velocidad de Desplazamiento

Fle = Flexibilidad

Dep = Disciplina deportiva

Vre = Valoración de la Resistencia Aeróbica

Vag = Valoración de la Agilidad

Vpo = Valoración de la Potencia

Vve = Valoración de la Velocidad

Vfl = Valoración de la Flexibilidad

Rfi = Rendimiento Físico General

Val = Valoración del Rendimiento Físico General

Sex = Sexo del Atleta